运河古镇望亭历史地名传说

尤万良等　编著

苏州大学出版社

图书在版编目(CIP)数据

运河古镇望亭历史地名传说:全2册/尤万良等编著. —苏州:苏州大学出版社,2019.12
ISBN 978-7-5672-3092-7

Ⅰ. ①运… Ⅱ. ①尤… Ⅲ. ①乡镇-地名-史料-苏州 Ⅳ. ①K925.35

中国版本图书馆CIP数据核字(2020)第010376号

运河古镇望亭历史地名传说

尤万良等　编　著
改写　倪卫新　胡溆安
责任编辑　倪浩文

苏州大学出版社出版发行
(地址:苏州市十梓街1号　邮编:215006)
镇江文苑制版印刷有限责任公司印装
(地址:镇江市黄山南路18号润州花园6-1号　邮编:212000)

开本 787 mm × 1 092 mm　1/32　印张 12.5(全2册)　字数 123 千
2019 年 12 月第 1 版　2019 年 12 月第 1 次印刷
ISBN 978-7-5672-3092-7　定价:85.00 元(全2册)

若有印装错误,本社负责调换
苏州大学出版社营销部　电话:0512-67481020
苏州大学出版社网址　http://www.sudapress.com
苏州大学出版社邮箱　sdcbs@suda.edu.cn

序

古镇望亭坐落在太湖之滨、古运河之畔,在太湖东岸这块肥沃的土地上,望亭人辛勤劳动,他们开河修渠,把高高低低的土墩整平成广阔平坦的田野,引水灌溉,种植水稻,培育桑田,精栽蔺草,繁殖六畜……通过历代辛苦的劳作,把这里建成了人间天堂,把运河边的望亭发展成全国闻名的稻香古镇。

在这片广阔的田野上,先民们先后开挖了几十条河港和上百条河浜,建造了上百座桥梁,形成了上百个自然村庄。这些古河道、古桥梁和自然村庄,很多都留下了或生动有趣、或可歌可泣的民间传说。这些传说中有非常丰富厚实的内容值得我们开发利用。例如劳动创造世界，勤俭才能致富，善心才能赢得好报，付出爱心才会得到人们的歌颂，待人热心将来就容易有他人相助……

　　本书挖掘的传说故事，都来自群众的口碑资料。例如，《张木司桥》讲的是利用当地资源，开发出全国闻名的黄杨木梳。《匠人巷》讲了金家有位木匠师傅，擅长雕刻龙凤花鸟，技艺超群。《董三横浜》中的董三，他不可一世，横行乡里，欺压百姓，作恶多端，最终被严惩。《钱家庄》的故事告诉我们创业和守成一样重要。《北安桥》和《童家桥与塔基上》的故事体现了主人公知恩报恩的美德。《太湖里籴得来也要起早去捞》，这个故事在民间已流传千年,主要教育青年一代要奋斗,不能睡懒觉。此外不少的传说,提到范仲淹在苏州任上,把望亭作为农业改革的试点基地……

随着社会的大发展,人们的居住条件不断变样,道路越来越宽畅,原来的老村庄被改造成了高楼林立的住宅小区,许多老地名不断消失,新的路名和地名不断产生。因此,趁现在老人们还有记忆,走访挖掘关于望亭历史地名的民间故事,记录下来,就显得尤为重要。本书收录的这些民间传说,都来自本地的尤万良等热心人士的多年采撷,他们走村串户,收集整理,通过自己的努力,为望亭积累了一份宝贵的文化遗产。

本书整理出版时,删除了一些明显史实有误、荒诞不经的传说。按故事内容,合并了一些起源趋同或者彼此有联系的传说。书后附有望亭方言传说四则。

由于初次编写，不到之处在所难免，希望广大读者不吝赐教。

2019 年 8 月 12 日

目 录

上 册

马场浜、马干港与唐家角 ……… ○○一

童家桥与塔基上 ………………… ○○五

问渡口与问渡桥 ………………… ○一三

营盘唧与杨柳墩 ………………… ○一九

夏禹奠 …………………………… ○二三

南河港 …………………………… ○二九

带老桥 …………………………… ○三七

善庵桥 …………………………… ○五一

摇错河与摇车河 ………………… ○五九

陈帝桥 …………………………… ○六五

东巨庄与西巨庄	〇六九
麻皮浜与马皮浜	〇七三
竹岗浜	〇七七
漆匠浜与铁匠浜	〇八一
陶家桥	〇八七
张墅与张墅庙	〇九一
秦巷头浜	〇九五
北安桥	〇九九
大坟头	一〇五
仁巷墙里	一〇九
田钵头港与赌神庙	一一三
乌鹊渡与寺东桥	一一七
施公桥与水公桥	一二一
蒋家桥、火烧场与杨家沿	一二九
双白桥	一三三
青石皮桥	一三七
无锡墩	一四三

羊尖浜、造弓浜与羊小桥 ……… 一四七

窑烧人浜 ……………………… 一五三

船舫浜、大车浜与上潘浜 ……… 一五九

陆巷浜 ……………………… 一六五

蚂蟥潭 ……………………… 一七一

网船浜 ……………………… 一七七

牡丹港与牡丹桥 ……………… 一八一

长房村与长房浜 ……………… 一八七

下 册

牛龙浜 ……………………… 一九一

杭桥头 ……………………… 一九五

游龙木桥 …………………… 一九九

董巷浜 ……………………… 二〇五

田都里 ……………………… 二一一

大吴泗泾与小吴泗泾 ………… 二一七

鸭船桥 ……………………… 二二三

雨端桥	二三一
廖字圩	二三九
长洲苑	二四五
观鸡桥	二五三
大丁家桥与小丁家桥	二五七
梅家桥	二六三
牛头墩与仁巷港	二六九
钱家庄桥	二七七
汤家浜	二八三
雀干桥	二八七
唐家桥	二九五
董三横浜	三〇五
孙厅上	三一七
许家桥	三二一
张仪桥	三二五
匠人巷	三三一
肖家池与九巷浜	三三九

和尚浜 …………………………… 三四七

张木司桥 ………………………… 三五七

孟河郎与孟河村 ………………… 三六三

附：望亭方言传说

太湖里汆得来也要起早去捞 …… 三七〇

沈七姑鸟叫六棵齐 ……………… 三七三

蚕丝姑娘黄三姑 ………………… 三七七

浒关名席产望亭 ………………… 三八〇

马场浜、马干港与唐家角

望亭镇西南方向五都一图的地方有一块土地被两条浜围着,西南处名为唐家角。这块地方古代用来放养马匹,有两百五十亩左右。北首从东至西有两条河浜,东首的名叫马场浜,西首的名叫竹岗浜,两浜中间相距约五十米,古代这里用木栅栏围着,以防马匹走失。中间设木栅栏,派人看守。

这块牧场,四周沿河岸有宽四至六米的跑道,是用来驯马的。传说吴王夫差时这里饲养数万匹马,原马场浜饲养场不够用,遂将场地扩充到南侧。

原来,马场上四周牧马的人家很多。他们中很多人最早是奴隶,被奴隶主监管。为了使奴隶有积极性,把马匹放养得

肥壮，奴隶主还对奴隶封赏了姓、家眷和土地。如望亭北侧月城河西岸、严家桥南岸、近湖村马家里、七图姚家浜等处姓马的人家，据说都是被赏了姓和田地的。

传说曾经有个马官姓戈，养马人都怕他。在他面前只能规规矩矩，老老实实。甚至他居住地附近的那条河港也被叫成了马干港（马官浜的讹音）。在那里姓戈的人家较多，那就是此位马官的后代了。

传说马场浜西南角（今竹岗浜浜口），地势倾斜，是专供群马下河饮水解渴的地方，也称消滩角、消滩塘，后来名字又演变成塘家角、唐家角。其实从来没有姓唐的人住在这里。如今唐家角那个地名即将消失，要被果园新村三期工程、四期工程代替了。

口述人：周元飞、马小福

童家桥与塔基上

在望亭华阳庙北部的五都十图，童家桥东和柳家村隔河的东南角，有个叫塔基上的自然村。

因为这个自然村现在村名第一个字用"塔"字，很多人猜想，过去这里是否造过塔，所以这块地方叫"塔基上"。其实并非如此。

相传明朝初年，在这块土地上住着姓童的大户，家有良田百亩以上，大小房屋四十余间。这户人家有三兄弟，老大叫童进富，老二叫童进强，老三叫童进裕。这三兄弟相处很和睦，全家人都听从老大安排。童家三兄弟只有一人生了一子，其余皆是女儿，人称"三房合一子"。那一子名叫童立里,小名叫童童,自幼大人们都宠爱他。童立里自小聪明好学,不淘气,对人有礼貌。家中特地聘一位闻名四乡的私塾先生来坐堂教书。为了有伴,允许邻居家孩子来读书。由于勤学苦练,加上老先生教得非常卖力,童立里很快就成为附近方圆百里有名的神童,一路科举都很顺利。

到了有一年朝廷开考,童立里也准备赴京赶考。他准备了文房四宝和行李,由书童陪伴,一起从家出发。一天上午,他们来到常州奔牛镇。这时路中立着两高两矮四位身强力壮的大汉,其中一位满脸横肉,双手叉腰,像要吃人。他双目盯着童立里不放。童立里是彬彬有礼的读书郎,初次见到这位不速之客,心想人生地不熟,只能和气为好。他斯斯文文叫了一声

"大哥",说小弟有事赴京赶考,请提供方便。童立里话还未讲完,那个大汉开口道:什么大哥不大哥,送钱来就让路,不送就别想通过。童立里眼看无法通行,马上吩咐书童从行李取银两打发他们。书童还来不及取银两,其中一个矮个子就用枪一挑,把书童的行李全部挑到自己的手中。书童跪地哭泣哀求,却被那个矮个子一脚踢得连翻两个跟斗。强盗们抢到了钱,转身就跑开了。正在这时,对面来了一顶花轿。轿中小姐见路旁落魄的童立里相貌不凡,遂派人上前问询,得知他们是进京赶考,遭遇强人,马上叫佣人回家去取银两搭救童立里。不多一会儿,佣人就取了许多银两回来了。小姐出轿,双手捧着银两交给童立里,童立里感激不尽,连忙开口,问小姐芳名。小姐红着脸低声答道：我姓郁名春香，住在附近村上。回到花轿，小姐还吩咐佣人，一路护送他们到丹阳。一路上童立里询问郁家佣人，才知道郁家小姐是去探望外婆的，而他们家是奔牛地方上有名的大户。

郁家佣人到了丹阳，准备打道回去，同时嘱咐童立里，不要辜负小姐一片好心，等考完了，一定要去郁家致谢。童立里答应："我一定会的，我一定会的。"

后来，童立里果然金榜题名。他对郁春香念念不忘，除了及时告诉了郁家自己的情况外，还和父母提到了小姐慷慨相助的经过，并说动父母向郁家提亲。

没过几天，郁家院中大树上喜鹊叫个不停。就在吃中饭前，童家派去的人就到了。他们说明来意后，郁家夫人接连大笑说："我女儿福分大。她一般不出门，一出门就碰到你家公子。你家公子路上遇难,我女儿肯相助搭救公子,结果公子又金榜题名,这不是天意吗?"郁家一商量,都觉得这是天作之合,当下就同意了。不久两人经过三媒六证,正式拜堂。结婚那天,童家张灯结彩,亲戚朋友都来贺喜。童立里身披红绸带,胸戴大红花,骑上大红枣马,一路吹吹打打,向桥边进发,把先期抵达、等在桥边的郁春香接上完婚。那个接亲的地方,后来就被称为童家桥。

不久,朝廷通知童立里一个月后到浙江吴兴当官。郁春香得知后,把心中的想法告诉了童立里。她说:相公,我们郁家原来是做漳绒的,我们马上要去浙江了,看到童家这么多姑姑,我想把我的手艺传给她们。童立里听了,不禁为爱妻的贤良无私而赞叹不已。于是第二天他就和几房长辈商量,得到大家的一致欢迎。在随后的一个月时间里,郁春香回走娘家,借来了两部脚踏漳绒织机,在童家东屋安好。她日复一日,不厌其烦地演示如何纺织,终于使童家诸位姑姑都学会了这门手艺。

当时这种织物销路很广、很赚钱。许多客商都来童家进货,大家就把童家所在的地方称为"踏机上"。生意眼看越做越好,童家就借钱新买了几台织机。但到了第二年冬天,天气干燥,童家的漳绒库房突然起火,织机也全部被焚。因为无法交货,还欠了巨额债务。从那时开始,童家变卖田产还钱,举家搬走。有些人说,童家搬到童立里当官的地方去了。

几百年过去了,"踏机上"始终被人

们牢记着,只是音讹成了"塔基上"。只有童家桥名称没变,一直被叫到了今天。

口述人:周金荣

问渡口与问渡桥

古代望亭运河上没有桥，两岸人员来往都靠大家雇佣人来负责划船摆渡。

有一年，张老汉被大家请来负责划船摆渡。张老汉心地善良，为了昼夜不停地服务大家，他在渡口租了一间小屋，在小屋南墙上请有学问的人写上"问渡口"三字（意思就是摆渡口）。张老汉不论天晴落雨，甚至晚上也行好事，为大家过河提供方便。他随喊随到，从不嫌人麻烦。如果有人把东西忘记在船上，张老汉就放在小屋里，人们随时随地都可以来拿。可就在张老汉六十岁那年，一天，天空突降倾盆暴雨，渡船不听使唤，在河中心打转不停。不多时，大家眼前漆黑一团，渡船翻

身，几十个人掉进运河，许多人在水中挣扎冒了几下，就沉入河底。张老汉虽然自己水性不错，但是也救不了那么多人。经过这一场灾难，张老汉身患风寒，卧床不起，他嘴里反复念叨着："对不起了……我一生专做好事，这一次老天惩罚我……"到后来不吭声了，张老汉永远进入了梦乡。此后，这处渡口后继无人，大家过河要走到很远的地方去摆渡。

到了明代中期，有一位姓彭的大臣到这里，听说了此事，于是发愿捐资造桥。经过多年努力，一座青石拱桥终于建成了。它被命名为北新桥。由于桥门狭窄，后来行船多次撞击，把桥撞得快塌了，凡船经过这里，都要冒着风险闯过此桥，大家被吓出一身冷汗。

到了清嘉庆年间，望亭耆民吴怡又发

起捐资造了一座花岗石拱桥。太平天国时,战火又把此桥毁坏。清同治年间,区董组织长洲县乡民捐资重建此桥。据长者回忆,桥北面刻:"是处入长洲,离浒一十八里;邑口产粮茂,鱼肥通河达海。"桥南面一处刻:"几百里风俗敦厚信亲礼仪。"此桥身还刻有"问渡桥"字样,是为了纪念此处曾是古代问渡口而刻。

口述人:钱世德等

营盘唦与杨柳墩

杨柳墩地处京杭大运河和望虞河交汇处，原来不存在杨柳墩，传说是在乾隆皇帝巡视江南时形成的。

当时乾隆下江南，各地都非常重视。无锡到苏州一路，在石塘湾北建立了北营盘，在望亭彭华乡五都一图建立了南营盘。从此，这里就被叫作"营盘唧"（唧，望亭方言，意为上）。

传说当时乾隆皇帝到了望亭，不仅去了迎湖禅寺，还品尝了望亭名点芙蓉酥。为了让皇帝看到江南水利建设的成果，望亭也不敢松懈。大家为了流水便利，把月城中间一劈两爿，变成如今的上塘月城和下塘月城，工程进展很顺利。万万想不到在城北处，开挖出一个地下泉眼，顿时大水滔天，用块石和泥土放在麻袋中堵也堵不住。正在民工着急想不出好方法时，朝廷前来水利督工的专家赶来了。他请示皇上调集苏州府和常州府的木材运到这里，叫打铁工匠专门打造一个个大爪，勾住木材，四周用石块砌起，中间用泥土填充，用这个办法终于堵住地下泉眼，洪水被压住了，上面形成了一个土墩。

为了防止洪水冲光泥土，墩上全部扦插杨柳。于是大家就把这个墩叫作杨柳墩。杨柳长大成材，一到春天柳条随风飘动，成为大运河上的一道风景。逢到春二三月从北而来去杭州烧香的人们，有时也会停靠在这里，上岸休息一下。

口述人：濮阿林等

夏禹奠

望亭太湖村有块地方，俗名下圩田，实际上叫"夏禹奠"。一个普通乡野之地，怎么会有这么一个文绉绉、很生僻的名称呢？这要从大禹的父亲说起。

大禹的父亲名叫"鲧"。鲧受帝尧之命治理洪水，他采用堵的方式，堵了九年，完全失败，洪水越来越肆虐，鲧被帝尧论罪斩于羽山。

帝尧禅位给帝舜，帝舜将治水的重担压上了大禹的肩头。大禹走遍了山南海北，摸清了地形和水的走向，决定用导引洪水入大海的方法来消除水患。治洪工程开始，大禹扛着镐锨，率领成千上万民夫挖渠开山，疏通河道。在治水过程中，最

艰巨的工程是开凿龙门。

龙门是一座大山，高高地横在黄河当中，挡住了奔腾直下的河水的去路。河水越积越多，水量增大了，便四处横溢，泛滥成灾。大禹不怕辛苦，不畏艰险，带领民夫一点儿一点儿地开凿。夏天，烈日当空，山石被晒得滚烫，大禹汗流浃背，仍然不停地干着；到了晚上，还要对付毒虫猛兽的袭击。冬天，北风呼啸，天寒地冻，大禹一镐一镢地挖着冻得坚硬的土地，手都磨出了血泡，可他毫不在乎，稍稍休息一下，又干了起来。民夫见首领如此吃苦耐劳，也就没有了怨言，齐心协力跟着他日夜苦干。然而，无论他们怎么拼命，工效还是太低太慢了，大禹必须另外设法。

大禹将民夫统统放回家去休假，待到龙门不见一个人影，他化作一头大熊，后腿直立,前掌击石,一掌下去,呼呼生风,掌风到处,崖崩岩坼,大山终于裂作两爿,一扇门户洞开,滞阻在山前的汹涌浑黄的大河,通过此门一泻而下,滚滚东流。

龙门洞开,只见天空中一头神牛驮着一张铁犁走到大禹面前。神牛口中还含着一份天书。大禹展开一看,只见上面写着:"河道漫淹,上苍恤民。神牛下凡,助尔功成。"大禹见此,顿时哈哈大笑道:"真是天助我也。"于是大禹把绳索套上牛肩,手握犁柄,一路开河导流。后来,东太湖沿线的民众们见状,也大受鼓舞,学着他的样子造犁驱牛。于是沙墩港、牡丹港、朱家港、任巷港、黄家港、南河港、田北头港、钱溪港、普宅泾港、观鸡桥港、河渎桥港等几十条港逐渐被开掘出来。由于神牛奔走速度快,大禹上气不接下气，方向一时握不准，所以开出的河道有的弯弯曲曲、歪歪斜斜。到后来开南北河道时，神牛日夜奔走，顿感疲劳，所以犁头有时未入泥也在空挖，导致太湖东岸有一段河道是中间断开的。

大禹前后花了十三年，治好了华夏九州各地的洪水。

舜帝当时想把帝位传给大禹。为了让大禹名扬天下，舜帝亲自赏赐给大禹一块黑色宝玉，借以布告天下，让大家知道，治水已经成功，天下已经安定。

舜帝选了黄道吉日，向上天举荐大禹，做天下的继承人。大禹因为夏朝的关系，后来被人们尊称为夏禹。在望亭，大家年年祭奠夏禹，祭奠处也就被称为夏禹奠了。

口述人：卢群、周云飞等

南河港

范仲淹一生胸怀大志,不怕艰苦,以"先天下之忧而忧,后天下之乐而乐"为己任,奔赴各地了解民情,深入农村,做了许多有益的事情。

范仲淹在苏州任上,首先抓办学、兴水利。传说望亭也留下了他的足迹。

有一年范仲淹来到如今宅基村田都里,他找了多位老农,蹲在田头和人们促膝谈论,询问今年稻谷多少产量,交了公粮后家庭留粮够不够一年生活用。当听到亩产量高者与低者相差一倍还多,范仲淹沉思了一番,请大家分析产量差异的原因。

人们讲:播种下去到出苗,不论低

田、高田基本一个样，但过了年到了农历三月份，春雨一下，高田里的苗还一片兴旺，低田里的苗却变得黄瘦无力，这是积涝伤苗，可这个问题怎么解决呢？

范仲淹指着田中说：我们过去只是把田全部翻一翻就下种，一旦下雨了满田是水，如今我有一个方法，不全部翻耕，把田块做成一垄一垄，垄中心留三棵桩，不用翻耕，两侧泥块向中心耙，如此中心高，两侧低，水往低处流，就流出了田块。这样一来田中积不了水，有利于苗的生长，你们看这样行不行？农民们一听有道理，齐声说："就这样办。"

范仲淹同农民们一起牵着牛，来回数次，把瓦垄式田做成样板，让大家学习。到了第二年，范仲淹将这样的种植法在全苏州推广开来。于是家家户户收成都有了提高。

夏收结束，农民们忙于栽种水稻，范仲淹又来望亭沿太湖一带。他看到农民们脚踏水车，满头大汗，甚至连小孩子也在帮忙。于是范仲淹叫来几位木匠师傅，在场上画图形，反反复复示范，经过大家动脑筋，最后做出模型：圆形车盘，盘四周做上齿轮，齿轮带动轴轮，用马拉动车盘，从而把水从河中车上来，哗哗地流向农田。试验成功后就按比例仿制真样，在场人群看到马拉车盘灌水成功，大家不禁拍起手来。这种水车造型，很快传遍江南各地农村。

就在六月莳秧快要结束时，范仲淹第三次带着随从来到望亭。他边走边看，从仁巷港南走到南朱家港中间，见好端端的农田没有栽上水稻，他下马来到村上，找了几位老农询问原因。在场的几位农民告诉了范仲淹：因为这些农田离河道较远，即使栽了秧苗，由于灌水一到两天还等不上水进这些田，农田上不上水，稻苗就会被太阳晒死。范仲淹思忖片刻，有了主意。他号召大家大干一场，从西太湖临角里桥到东吴巷那里，全长六里路不到，开挖一条河，便于灌溉。后来人们就把这条河叫南河港。以此推而广之，望亭开了很多的河。这些河不宽，但从东到西是一条条直线。河道开好了，从那时开始，南河两侧农田年年都能种上水稻了。望亭一里一条河、半里一条浜的河网水系是范仲淹在这里的创举。

有一次范仲淹路经一个水潭，见早上水深半潭，回程时这个潭一边塌方，造成一潭水向外溢出，便从中得出一个启发：

江南雨水多,从岸上冲刷下的泥浆带到河中,造成河道淤塞,水流一时不畅,就会造成洪水漫淹、百姓遭殃。于是范仲淹要来一根竹棒,插进河道,提起一看,竹棒上一段黑污泥正在发臭。如果把发臭的污泥挖起来,河道水流增大了,淤泥聚集一起还是很好的肥料。范仲淹想到这里,立即在望亭找了多位农民一起商议。农民们一致同意范仲淹的意见。范仲淹从府中拿出一笔款子来,到造船坊打了几十条罱泥船,支持农民疏河挖泥。为了把河泥挖起来,农民们发明了罱泥网、扒网、拖袋网。为了存放淤泥,又发明了农田中开潭的方法:放一些稻草、猪屎灰、杂草一起沤制,后来人们把这种泥叫草塘泥,开成贮藏污泥的潭叫灰潭。从那时开始,江南农民种田必须罱河泥、开灰潭,莳秧

前必须发担（把沤制的泥运到田中，撒开来）。

范仲淹在苏州的几年时间，一系列农业改革都在望亭顺利进行。望亭百姓受益了，望亭农业也一直走在前列。中华人民共和国成立以后，望亭农业仍然走在苏州市前列。20世纪60年代初，望亭被全国定为十大样板之一（水稻全国样板）。中央派来许多水稻专家（如陈永康）推广单季稻"三黄三黑"生产经验，陈永康还选育老来青等水稻新品种在望亭推广，后来全国农业机械试点又选在望亭。此外，农业灌溉电力化、化学除草、免耕麦等都是从望亭开始的。

口述人：郑民德、章福根、谈大宝等

带老桥

传说这个故事发生在明末清初,在望亭四都十图北侧,有一段南北向河道,河西岸住着姓罗和姓龚的两户人家,河东岸住着姓薛的几户人家,故事就发生这三大姓氏中。

在河西岸,龚家算得上是上等人家,家产比较殷实,有良田二十多亩,房屋四间,家中有耕牛。可龚家西侧的罗家仅有良田三亩多,只有四小间破瓦房。罗家父母养育了两儿一女,女儿家中最小,名叫罗小英。而龚家父母养育了三姐一弟,姐姐们很早就出嫁了。弟弟名叫龚士达。龚士达年长罗小英一岁,到了罗小英三岁那年,龚家长辈见罗小英聪明活泼,讨人喜欢,于是龚家长辈托人做媒,要罗小英许配给龚士达,订娃娃亲。罗家对龚家本来就有好感,因为龚家条件不错,龚家儿子士达五官端正,知书达理,比穷苦人家孩子看上去有出息,所以罗家很快答应了这门亲事。就这样龚罗两家从乡邻变为亲家。两家原来靠得很近,孩子时常玩在一起,捉迷藏、老鹰抓小鸡,玩得非常开心。到了春天两家孩子一起割猪草,有时士达牵牛放草,罗小英也跟随一起,两人有说有笑,两小无猜。玩得高兴时,龚士达骑在牛背上嘴里吹着口哨,罗小英在牛旁边一蹦一跳。龚士达下来托罗小英骑在牛背上,两人一前一后非常开心。后来龚士达进了私塾学校读书,罗小英家贫,加上是个女孩,没有机会读书。但到龚士达放学回家后,两个小孩又在一起。龚士达把自己学到的文字在地上一笔一画写给罗小英看。罗小英聪明好学,龚士达一教,罗小英也学会了。龚士达读五六年书,也教了罗小英许多文化。待到罗小英长得亭亭玉立,两人碰面比以前少了,两家孩子都懂道理,避免人家多说闲话,对罗小英影响不好。龚士达只远远望见时朝她一笑,罗小英也抿嘴一笑,低着头走了。到了罗小英十八岁那年,望亭流行瘟疫,好多人家被感染,来不及医治。特别是那个年代缺医少药,医疗条件差,较多人家家破人亡。那年冬天龚士达准备同罗小英完婚的,谁知父亲在外做生意不注意被传染上瘟疫,几天上吐下泻,来不及抢救就去世了。刚把父亲丧事安排好,经不了几天龚士达自己也染上了瘟疫。当时相信迷信,认为办喜事可以冲去邪气,遂叫龚士达马上做亲冲喜。龚家马上除去父亲灵位,大操大办喜事,把罗小英娶到龚家。过了一天,由于龚士达大办婚事,拜天拜地,劳累过头,第二天清早就不幸逝世了。罗小英和婆婆两人哭天哭地,伤心至极。特别是婆婆,丈夫去世不久又丧儿,把双眼也哭瞎了。在亲戚们的帮助下,罗小英把丈夫龚士达的木棺埋了,每天在龚士达灵位前痛哭流涕。旁人看了也非常伤心,罗小英一个漂亮的姑娘,刚嫁进龚家就做寡,叫人怎么不动情呢?龚家连续办了两次丧事,婆婆病倒了,家里的事情只能由罗小英一人操办:家中饲养耕牛要罗小英管理,家中猪、鸡、鸭要罗小英喂养,至于龚家农田,罗小英交托自己的父亲和两个哥哥一起协同管理……罗小英成天忙前忙后没有空闲,每天三顿又是罗小英亲自喂给卧床的婆婆吃,还要帮婆婆倒马桶、清洗床单和衣服。由于天天操劳,罗小英比嫁进龚家之前成熟多了,她做事一桩桩、一件件有条不紊,罗小英的母亲有时过来要帮忙,罗小英却说:"母亲自己家中事情多着,加上年事已高,我的事我来处理,我会把龚家的事办好的。"罗小英的母亲听了女儿的话既激动又伤心,心想:我女儿真是个苦命孩子,一连串的事都压在她身上,太可怜了。母亲呆呆看着罗小英任劳任怨地做着事儿,偷偷流着眼泪走了。

龚家丧事一切办完,好心人都来劝说罗小英改嫁。大家说:龚家的千斤重担压在你一个姑娘家身上,没有出头之日,加上龚家老太婆双目失明,还需要照顾,一天三顿还要你喂着吃,弄脏了衣服需要你帮着洗，你前世欠了他们什么债，今世要受罪，干脆嫁人算了。可罗小英不这么想，她说："龚家的事就是我的事，我有责任把龚家的一切管好，不让人们说我是负心媳妇。即使今后再嫁，我也要先守孝三年，才对得起死去丈夫龚士达对我的一片心。"罗小英说到做到。四周乡邻个个称赞罗小英是位贤惠的媳妇，今后哪家能娶上这位姑娘真是有福气。

三年守孝之期很快就过去了，前来龚家门上为罗小英做媒的人络绎不绝，都被罗小英一个个拒绝了。这下急坏了罗小英的母亲，她前来说劝女儿："小英啊！一个人的青春一下子就会过去，失掉了青春再也要不回来的，到了老态龙钟，谁也不要你了。"罗小英说："母亲的话我理解，可我有一个重病在床的婆婆，我不能丢下她啊！我一走谁来照顾她呀？虽然她有几个女儿，可她们远在他乡，路程遥远，回来照顾不便。我若抛弃婆婆不管，怎能对得起龚士达在天之灵啊！"罗小英母亲也是位软心肠的人，女儿的一片孝心做母亲的也知道。但是做母亲的也不情愿让女儿终身做寡妇守孝，于是她一有时机就要托人为女儿终身大事做媒。

说来也巧，有一天罗小英的母亲去金墅街上赶集，在回家路上碰到河东岸姓薛的那家老三去金墅街上卖鱼卖虾，也赶路回家。两人一前一后攀谈起来，问长问短，谈得很投机。罗小英母亲对着这位青年从上看到下，发现薛家老三长得很英俊，而且非常勤俭，有空捕鱼、捉虾，常到街上出售。这样的好小伙不多见，罗小英母亲想着想着，就大胆开了口，询问薛家老三有无对象。那个老三说话也直来直去,把家中情况如实讲了。他说:"伯母,我家兄弟三个,大哥二哥马马虎虎成了亲,我是老三,要想结婚也没有空余房屋。现在我不想找对象,我要自力更生创业,把房造好之后,再托人做媒也来得及。"罗小英母亲认真听着,了解到这位好小伙子没有配亲,于是又问:"小伙子你多大了?"薛家老三如实回答:"我今年二十三岁了。"罗小英母亲心中一喜,连忙脱口而出:"好,好,好!"薛家老三连忙问:"伯母,你连说三声好,好在什么地方呀?"被薛家老三问得一时语塞,罗小英母亲支支吾吾了好半天才说:"小伙子,我家小英你认识,她的情况你肯定了解。小英虽则嫁到龚家,但至今还是黄花闺女,她人品好,心肠善,做事认真。她对婚姻要求严,一般顽皮小伙子她看不上的,她要找也要找像你一样的人,忠厚老实,吃苦耐劳,办事认真。我觉得今天总算找到了,所以我问你是否有对象,如果你不嫌弃,那我回去问问女儿,好吗?"小伙子红着脸,笑了笑,有些难为情,但没有反对。

可巧的是,罗小英母亲回家把薛家老三的情况一说,罗小英也出奇地没有反对。

那个对岸薛家老三,名叫薛永良,他一回家,就把路上碰到罗小英母亲的事及她说的话转告了自己母亲。他母亲开始有些犹豫不决,沉思了片刻才问:"你知道罗小英有多大了?"薛永良如实告诉母亲:小英比我小一岁。他母亲听了接着说:"年龄相当,罗小英也长得不差,永良你看中，我做娘的不会反对。虽隔了一条河，路程不远，对岸一喊就能听得见……"就在这天傍晚前，罗小英的母亲托人做媒，媒婆来到薛永良家，如此长、如此短地把罗小英的想法说了一遍。薛永良的父母都表示同意，媒婆见把罗小英婚事说成，心中大喜。当年十一月二十三日正逢黄道吉日，后来经过商议，两家决定在那天把罗小英和薛永良的婚事办了。

就在成婚当天夜里，罗小英第一个开口，把心中的想法讲给薛永良听，她说："永良，我嫁给你是看中你的人品好。但是你知道我曾嫁了龚士达，虽然第二天他就病故了，我还是黄花闺女，但士达的老母亲我有责任负责到底。我想每天生活由我和你一起分担，忙时不能有怨言，要像对自己老母亲一样孝顺她。还有如果我俩能生育孩子,第一个生下来的孩子不论男女是属于龚家的,孩子姓龚。你能接受吗?"薛永良满口答应。

就这样,薛永良和罗小英夫妇两人相亲相爱,始终把服侍好龚士达老母亲作为家中第一大事。薛永良忙着外面的农活,罗小英在家做饭服侍老婆婆吃、洗,冬天晒太阳,夏天乘风凉。薛永良劳动一回家,见到龚士达老母亲时,开口一个妈,闭口一个妈,生活上处处关心她。薛永良抽空捉了鲫鱼、河虾,还亲自上灶,烧好了先敬龚士达老母亲品尝。等老母亲吃饱放下碗筷之后,自己才吃。虽则龚士达母亲眼睛看不见,但永良和小英对她的孝心,她心中非常明白。村上人上门来,老人总是滔滔不绝告诉他们,小英和永良如何如何善待她。

罗小英和薛永良不但服侍好龚士达母亲，也关心薛家父母。两人时常乘菱桶摆渡过去看望老人。一次遇到刮风下雨，菱桶还被风吹翻，薛永良也掉进河中。虽然他会游泳没有出问题，但是罗小英看到丈夫湿淋淋的衣服、狼狈的样子，还是心疼不已。晚上，两人睡在床上商量，决定把龚家后屋的破牛棚拆了，在这条河上造座木桥。说干就干，永良亲自动手在薛家屋后河面最狭窄的地方架起了木桥，为了防大风吹翻，桥四角用绳索固定。这样人来人往很安全。木桥造好，罗小英也产下一个小男孩，薛永良给他取名叫"龚继宗"。龚士达母亲听到孩子名叫龚继宗，顿时笑逐颜开，嘴里喃喃不停："我们龚家有后啦，我们龚家有后啦。"

等到办孩子的满月酒了，看到河面上

架起了木桥,在吃酒时趁大家开心,亲戚们要给这座木桥起个好名字。大家你说我说,最后决定给这座桥命名为"带老桥"。带老,意为带好老人,这是薛永良夫妻造桥的初衷,也是值得永远纪念的美德。

口述人:李根才

善庵桥

在堰头村大有四场靠大运河沿岸有一座桥,桥名叫善庵桥,也有少数人把它写成蚕安桥。这两种写法哪一种最合情合理呢?有人说,此桥靠近大有四场(蚕种场),所以写成蚕安桥,可事实上在蚕种场建成之前已经有庵有桥了,所以比较妥当的写法应该是善庵桥。

古时候陈埂上住着较多姓陈的人家。其中有一户姓陈的人家较富裕。这家有一位女孩,人长得貌美如花,因为出生在八月中旬,父母就叫她桂花。离桂花家西边五六户,有个姓查的庄户人家,男子长期出卖劳力给富户做工。这家人家生了一个男孩,叫查文祥,比桂花长两岁。这个男孩生得英俊潇洒,有礼貌,非常讨人喜欢。文祥和桂花时常在一起玩耍,两人一起挑野菜,一起采野花,一起捉迷藏,在同一家私塾读书,回家之后一起学写毛笔字,一起学打算盘……桂花有不懂的就请教文祥,两人亲亲热热,从来没有发生过争吵。文祥十二岁开始因家庭困难,就到桂花家去放牛。他一边放牛吃草,一边拿着书认真学习。而桂花还继续在私塾念书,就把新教的课程再教给文祥。

桂花家中吃饭时,雇工不同东家一起吃饭。桂花知道文祥不会同大人争着吃肉,因此桂花吃饭时就多捡几块肉放在自己碗面上,她有意走到文祥身边,把碗中几块肉全部放到文祥碗中。文祥洗澡脱下的脏衣服都由桂花亲自清洗。桂花的父亲和文祥的父亲有时坐在一起拉家常,就谈起两个孩子青梅竹马、暗中相恋之事。桂花父亲同意把女儿许配给文祥,文祥父亲听了顿时哈哈笑起来,说:我家文祥和你家桂花前世有缘,她不嫌我家贫穷,我做长辈的,哪能拒绝这门亲事?我高兴还来不及呢!从此两家人越来越亲密。

文祥这个小伙子不但人品出众,对人和气,而且干起活来很认真,农田大忙时,文祥是个犁田能手,莳起秧来既快又直,全村人比不上他。他还乐于帮助人,谁家忙不过来,他看到之后,主动帮忙。谁家老人走不动了,他就背着老人回家。由于文祥为人真诚,全村长辈一致称赞文祥,认为他被桂花看中是有道理的。

一年夏天,烈日高照,非常炎热,各家孩子在运河中游泳、洝冷浴。有一天桂花的弟弟桂兴同村上孩子一起学游泳。由于初次下水,非常开心,他忘记自己刚学游泳,一不小心,进了深水区,顿时手足无措,胡乱扑腾。同去的小孩连忙大声呼救:"救命!救命!有人沉水了。"在岸上劳动的文祥听到呼救声,连忙奔向河边跳下水去救人。可是,他在水中找寻了很久才找到桂兴,他全身用力,终于把桂兴托出水面,在旁人的协助下,桂兴得救了。可是文祥由于在水中时间过长,且深水区的水非常凉,他双腿抽筋,无力游泳,渐渐沉了下去。等他被人救起的时候,已经回不过气来了。

全村人知道了此事,哭声一片。文祥妈和桂花更是哭得昏死过去好几次,特别是桂花,哭得格外伤心,从文祥出事那天开始到办完丧事,她滴水未进。桂花的弟弟桂兴看到姐姐伤心,他也大哭,嘴里喃喃地说:"文祥哥,我害死你了啊!我太对不起哥哥和姐姐了。"

时间一晃一年过去了,好心人前来桂花家为桂花做媒。可桂花双手直摇,把媒婆赶了出去。桂花的父亲和母亲私下商议,让桂花待过三年再说吧。但三年很快过去了,任凭父母亲和媒婆磨破嘴皮,桂花就是不动心。她坚定地说:"我终身不嫁人,我要削发为尼。"父母亲无法,只好选择黄道吉日,让桂花拜附近的老尼姑为师。后来村上还筹钱在运河一座桥的西侧造了一座庵堂。从此,桂花把文祥灵牌拿进庵堂天天相伴。前来烧香的人,看到这么漂亮端庄的姑娘削发为尼,也每每叹息。

桂花的师父,那位老尼姑原来就通岐黄之道,桂花后来在她的影响下,也学起了医术。由于桂花认真钻研,她看病的技术越来越好。她对中暑、霍乱、腮腺炎、发痧等急性病的治疗非常拿手。她有空就到野外采集药草,自制药丸。病人上门来求医,她都认真接待。从此,到庵中来焚香的、看病的人络绎不绝。由于桂花替人治病,不收钱专做善事,于是大家就把这里称为"善庵堂"。"善庵堂"出了名,连旁边那座桥也被大家叫成"善庵桥"了。善庵堂从桂花开始,数百年来香火不绝。新中国成立后,这里变成了生产队贮粮仓库,有的房子搬迁到生产队中成了新仓库,但沿京杭大运河边那座"善庵桥"依然存在,数百年前桂花提倡的提痧和刮痧治病法至今还在沿用。

口述人:王水根

摇错河与摇车河

望亭五都二图有一条南北向河道,有的人叫它"摇错河",有的人叫它"摇车河"。而且双方都能摆事实、讲道理来证实自己说法正确无误。

先说摇错河的由来。

过去,望亭一带富裕农户开始买船搞运输赚钱。当时农村家家户户织草席出售,此外卖肉猪、交公粮,都必须用船运输。有一次马路桥那里的农民家中织了许多席要到浒墅关席行出售,由于草席较多,遂叫了两只小船来运。天还不亮大家就开始装船。当时河面上雾很浓。第一条船先装好,准备先走,第二条船上的老大对第一条船上的小伙子说:你先开船,一路扳艄向前不会错的。这个小伙子爽快地应着:我知道了。等第二条船也装好开船,他们就想要追前面的那条船,结果一路也没看到第一条船。等他到了浒墅关席行,小伙子的船才姗姗来迟。小伙子说:老大你本领大,船开得快!老大也纳闷:我也没见到你的船,更没超过你啊。

  等他们把草席卖完,两个摇船人相约一起回去。老大先开船,小伙子跟在后。摇呀摇,老大进港,小伙子也进港,老大扳艄,小伙子也扳艄,一前一后说说笑笑也不觉得累。两船摇到一条河的河口,小伙子恍然大悟,说:"老大你刚刚没有摇这条猛将堂前的河吧。"老大说:"为啥要摇这条河?摇这条河要多摇二里路。"小伙子说:"喔,原来如此。我摇错了。怪不得你比我快。"这样的事情其实不止一次发生,所以后来大家就索性把这条河叫成"摇错河"。

再说说摇车河的由来。

过去,猛将堂前的这条河两岸比其他地方地势更低洼,一旦遇到黄梅天,这些农田就容易遭受涝灾。这里的农民通常用牛水车和人工踏水车引水灌溉,水车很长,引水时牛或人非常辛苦,但猛将堂前这条河港很特别,因为水车不长,只要水车轴上装一个柄,用手摇动水车轴,水就能哗哗上岸进入农田,所以这条河港上摇水车的人很多。他们往往坐在小凳子上,一手摇水车,一手撑凉伞防太阳晒。同样种田,这条河港上的农民比其他地方的农民轻松得多。特别在莳秧时,这条河港上两岸摇车的男男女女排成一线,于是大家就把这里称为"摇车河"了。

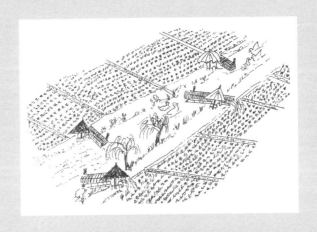

上述两个由来,各有道理,所以这条河写成"摇错河"或"摇车河"都可以。

口述人:谢福金

陈帝桥

在望亭大有四场南薛家浜那个地方,京杭大运河边有一座历史上有名的古桥叫"陈帝桥",也有人说是叫"陈店桥"。其实,正确的写法还是前者。

南北朝时期陈朝第三位皇帝叫陈伯宗。天康元年(566)四月,陈伯宗在陈文帝死后即帝位。由于他还年幼,便以叔父安成王陈顼为司徒、录尚书事、都督中外诸军事。于是政局都为陈顼掌握。次年改年号为光大,陈顼晋位为太傅,准许佩剑上殿。光大二年(568),陈顼叛逆,废陈伯宗为临海王,自立为帝。

传说,这位陈伯宗为了免遭血光之灾,他携随从和众多财宝逃离了皇城,一路长途跋涉，餐风饮露，受了千辛万苦，终于来到了今天陈帝桥这个地方定居下来。他们筑灶起屋，种田植桑，繁衍生息，人口逐渐增多。

到了隋炀帝时代，历史上有名的京杭大运河开通了。运河从陈家开垦的农田中间穿过，陈家后代开始利用北方带来羊皮筏子做舟过河，后来又建造木船过河、运输。再过了很长的时间，陈家家底丰厚了，他们就利用石板造桥，方便行人来往。人们不忘他们的善举，也为了纪念陈家的历史，把这座石桥起名为"陈帝桥"。

口述人：陈福兴、王水根

东巨庄与西巨庄

望亭四都十图西南侧有一条河,靠北的叫东巨庄,靠南的叫西巨庄,南北两处巨庄,既找不到姓巨的人家,也找不到巨大的木桩,那为什么会有巨庄这个地名呢?传说,元末明初,这个地方有一位富商姓沈名万三,他年轻时以经商为业,成为中国那个时代的巨富。可是他不知轻重,竟然和朱元璋比赛谁造南京城快,结果还赢了朱元璋。朱元璋心中对沈万三不服,又觉得沈万三的名字有点像"沈万岁"。天下只有一个万岁,哪能容纳两个万岁呢?所以朱元璋登基后,就想着法子要杀掉沈万三。有一个好心人偷偷同沈万三传讯说皇帝要杀他,沈万三听了赶紧离开南京,来到太湖东岸,在望亭南部购买数千亩农田,由族人管理。因为望亭地处要津,沈万三反复思量,觉得这里如果造豪宅,容易被朝廷发现,于是他把豪宅造到昆山周庄,而在望亭的钱溪港北建造了两个不起眼的粮仓。沈万三为了避开"苦"字,他弃仓库的"库"字不用,直接叫"粮库"为"贮仓"。这两处大型的贮仓靠近河岸,上下运输方便,而且地势高,粮食不易受潮。仓库前有晒场,河边有码头,河道通往大运河。贮仓所在地靠南西侧的叫"西贮仓",靠北偏东的叫"东贮仓",这两处贮仓一直使用到清朝中期,全部由沈氏家族管理。此外,明朝嘉靖年间,沈万三的后代沈宁施在通安、望亭两地造了塔平、石下、巷路、马路庄、伍象、四通、大通等七座石桥,均为三孔，中间通船，两侧泄水，据说是沈家后代用助修昆山县城余下的石材建造的。如今，沈家造的七座桥的桥名还在百姓的口中流传，但现存的桥梁就只有伍象桥和马路庄桥了。东贮仓和西贮仓不但房屋没了，连名字也变成了东巨庄和西巨庄。

口述人：李根才

麻皮浜与马皮浜

望亭五都二图游龙桥靠西南方向有一条河浜，从中华人民共和国成立初期到现在一直叫"马皮浜"或"麻皮浜"，甚至有人写成"马尾浜"，到底怎么写才对呢？

有人说应该写"麻皮浜"。

明朝时期，望亭织席进入高峰期，本地引进蔺草大面积种植。同时在五都二图那条浜上，一位叫陆生泉的人还到南京郊区农村引进种植了织席必用的经线材料苎麻。陆生泉村上家家户户种植苎麻，每年到了七月，这条浜所有空地和路上到处晒满苎麻被剥下的皮（简称"麻皮"）。从此，大家就把游龙桥西南的那条浜叫成了"麻皮浜"。

至于为什么写"马皮浜",有人说是因为"马"和"麻"二字在望亭话里读音一样,"马"字容易写,所以民间就多写成了"马皮浜"。

还有一种传说是这样讲的。

沿京杭大运河西岸,有一条通往姑苏和无锡的驿道,马匹就在这条驿道上奔走递送邮件。有一次有一匹马半路病死,跌倒在地,被这条浜上的农民们拖回家,把马剥了皮,把马肉分了吃掉了。由于黄梅天连续下雨,那张马皮晒不干,霉变发臭了,被人们丢进河浜。时间一长,马皮导致河道臭气冲天。大家就把此河称为"马皮浜"了。

口述人:吴兴仁

竹岗浜

唐代后期，大批姓薛的中原人，为了生存，来到长江以南、太湖东岸，各自寻找适合的居住点定居下来。其中以望亭月城河西，沿太湖后薛港上、黄家港上、巨庄薛家浜、华阳羊尖浜、陆巷浜、堰头等地为多，至今全望亭姓薛的还有七百五十人左右。而在奚家村西部的一条浜上，也居住着几户姓薛的人家。这里地势低洼，梅雨天常常被淹。到了冬季，为了抬高地势、保持水土，薛家人就在这里种了大量的竹子。没多久，就长成了一片竹林。由于圩岸上有了竹林，人们就将此地叫作"竹岗"。居住在南部如高田上、周家、蔡家、尤家、牛龙浜、丁家桥等地的村民上

街,都必须走过竹岗门前的这条浜,久而久之,大家就把这条浜叫作了"竹岗浜"。

时过境迁,这里被新来的大批江阴人、常熟人开发为农田,竹岗不复存在,浜名也被讹为了"祝家浜"。

口述人:蔡根元、尤木香

漆匠浜与铁匠浜

在望亭镇西首牡丹村牡丹港北部,有一条河浜名叫"铁匠浜",也有老人说这里原来叫"漆匠浜"。这是怎么回事呢?

传说朱元璋定都南京,广招能工巧匠建造皇宫。住在望亭这里的漆匠殷家父子听说了,也去应聘。由于他们经验丰富,经过了测试,就被录用了。他们在南京的几年里,辛辛苦苦,任劳任怨,出色地完成了任务,终于赚了一大笔钱,穿金戴银回到了家乡。

殷家父子回来后,名气传遍了望亭,大家就把他们家门口的河道叫作了"漆匠浜"。殷家父子用赚来的钱把家里原来的茅草屋改建成砖瓦房。父亲也不做工了,就

在家养老休息。儿子呢，有样学样，成天吃喝玩乐，到处逍遥，没几年就在赌场里把家中积蓄全部输光，最后流落街头乞讨，父亲也被他活活气死。有人半开玩笑地说：你到南京皇宫中乞讨，皇帝看你为他打过工，定会送你吃喝的。殷家儿子竟然信以为真，真的来到南京皇宫。结果免不了被守卫一阵乱棍打出，他饥寒交迫，冻死街头。

又经过数十年，这条浜上一家姓吴的人家，由于生活贫困，就把孩子送到街上铁匠店里当学徒。一开始学习拉风箱，到后来跟师傅打铁。由于这孩子虚心好学，三年出师后，就在自己家附近开了铁匠铺，为渔民打铁链条、铁钉、火夹，为农家打锄头、钉耙、镰刀、铁锹、铡刀，为木匠打斧头、凿子、榔头……孩子不怕吃苦，人家急用，他就开夜工，而且送货上门，于是生意越来越好。他的铁匠铺声名远播，从此大家就不叫这条河为"漆匠浜"了，而是改叫"铁匠浜"了。

口述人：殷桂根

陶家桥

望亭五都十五图华阳庙东南一条河港上原来没有桥，直到清朝末期，人们为了到华阳庙去焚香赶庙会，才在河港上架起了一座大木板桥，方便行人，这就是陶家桥。可是，桥两岸都没有姓陶的农户存在。其实，这座"陶家桥"是有其来历的。

传说抗战时期，日军在此杀人放火，无恶不作，特别是在见到漂亮的妇女时，后果就更不堪设想。

有一次，住在华阳庙街上黄家的一位青年妇女，准备到家中给自己女儿喂奶，刚进家门，小孩还没有抱起来，日本人就来了。她连忙放下孩子拔腿逃出后门，拼命往木桥方向奔去。日本人举着枪在后面拼命追赶,见那个妇女逃过了桥,生怕有新四军,就没敢过桥。妇女在桥南躲了一个多时辰,以为日军走了,就又过桥准备回家。谁知日军却在桥这头等着她呢。等青年妇女发现,再想跑已经来不及了,就这样,她最后惨死在田沟里。

家里的孩子从此没有了娘。大家于是把妇女出逃避难的这座桥叫作"逃家桥",后来以讹传讹叫成了"陶家桥"。

口述人:黄福兴

张墅与张墅庙

古代望亭四都十图与通安交界处有前张墅和后张墅两处地名，前张墅大部分属于通安镇，后张墅则全部在望亭境内，它们的由来和张士诚有关。

张士诚，他是泰州兴化白驹场人，原来靠贩盐为生。至正年间与弟弟士德、士信率盐丁起兵，攻下泰州、兴化、高邮等地。次年，在高邮称诚王，国号周，又率军渡江攻取常熟、湖州、松江、常州等地。至正十六年，定都平江（今江苏苏州）；次年，降元。后继续扩展土地，割据范围南到浙江绍兴，北到山东济宁，西到安徽北部，东到大海。后又杀红巾军领袖刘福通，自称吴王。他屡为朱元璋所败，疆土日蹙。至正二十七年秋，平江城破，他被俘至金陵（今江苏南京），自缢死。

张士诚治苏时对苏州百姓很好，大家感念他的恩德，每年还要烧"狗屎香"（张士诚原名张九四，"九四"谐音"狗屎"）。在望亭，村民怀念张士诚，大家还出资建造了一座供张士诚塑像的庙宇，称为张墅庙。每到初一、月半，这里总是香火旺盛。传说因为这里名气太大，张墅庙还被明朝皇帝下令拆除。毕竟在朝廷看来，张士诚是朱元璋的对头。

到了清朝康熙年间，当地百姓怀念起张士诚的爱民事迹，又在原址造了座张墅庙。后来毁于太平天国起义的战火。但是张墅和张墅庙的名字却流传了下来。

口述人：岳林坤、范昌盛

秦巷头浜

在望亭镇马路桥西南侧有条南北向的河浜,人称秦巷头浜。但附近河港上没有一户姓秦的农户,那么此浜的名字是怎么来的呢?追根寻源,原来是和一种叫"蕈"的菌类有关。

传说明代时这里户户种桑养蚕,在黄梅天时,桑树的四周会生长出很多的黑菌,土话把它叫作"蕈"。胆子大的人采下后煮了尝尝,发现味道很好。于是他们就开始有意识地栽培蕈来食用、出售。因为物以稀为贵,所以蕈一上市就卖出了好价钱。首批栽培蕈的人富了起来,把草房改建成了砖瓦房。邻居看到了,也开始学着栽培蕈。为了提高商品品质,当地聪明的吴大中还发明了烘干贮蕈法。此处由此成了声名远播的种蕈之村,村前的河道也被大家称为"蕈巷头浜"。在望亭话里,"秦""蕈"同音,所以即使后来这里不再栽培蕈了,地名还是流传了下来,并以讹传讹被写成了"秦巷头浜"。

　　　　　　　　　　口述人:费巧男

北安桥

望亭五都六图王家港上有一座北安桥,其实它的原名是"报恩桥"。

故事要从明代中期开始讲起。当时安徽凤阳一带连续遭天灾,到后来,即使当地原来家境不错的吕三娘家也拿不出一粒粮食来。无奈,在公公婆婆劝说下,有孕在身的吕三娘只能打了包袱含泪走出家门,跟随人们流落到太湖东岸的望亭行乞。留下老人和丈夫在家苦苦支撑。

望亭人见了流落到此的吕三娘,大家都热情伸出援手。吕三娘见这里宜居,也就和逃难的人一起在此暂时栖身了。见吕三娘长得漂亮,身材好,说话和气,许多好心的阿婆、大嫂都要为吕三娘做媒。可是吕三娘一一拒绝了。后来人来得多了，吕三娘只得直言相告，自己已经有了相公，并且身怀六甲。

　　由于吕三娘人品出众，不时给老人们帮忙种菜浇水、洗衣带娃，这里的人们都很喜欢她。到了端午那天，家家都送粽子给她吃。天冷了，好心人就把自己身上的衣服脱下送给她穿。就这样，一直到了寒冬。这一天，天上飘起鹅毛大雪，吕三娘突然觉得肚子痛，且一阵胜过一阵，这时吕三娘方才知道自己要临盆了。她双手捧着肚子，一步一步向前走，看到一家下场小屋里有稻草堆放，就咬紧牙关，坚持跨进小屋内。她的一举一动被这家的薛大娘看在眼里。大娘是过来人，一下子明白了，她帮着把稻草铺平，从家中拿来棉胎、脚盆和热水，把门关上，点亮了油盏灯,叫三娘躺下,并教三娘怎么用气。吕三娘拼了几下,不多一会儿,小孩露头了。薛大娘继续助劲,吕三娘顺利产下一个男孩。薛大娘又连忙回到自己家中,拿来自家孩子穿过的衣服,把小孩包好,放在吕三娘身旁便于喂奶。她知道吕三娘产后体虚,还特地到太湖渔船上买了五条活鲫鱼,杀好洗净,煮鱼汤给吕三娘喝。薛大娘怕吕三娘不习惯,连续三天陪伴着她一起过夜。吕三娘看到薛大娘为她操心忙碌,心中实在过意不去,暗想今后有机会一定要好好报答薛大娘的一片情意。

就这样,时间一晃几个月过去了。吕三娘要和逃难的乡亲们一起回去了。临别时薛大娘弯腰不停地亲小孩,难分难舍。大家只有挥泪告别。

光阴似箭,二十年后,吕三娘带着已

经长大成人的儿子吕逢春乘着两顶轿子又回到了这里。很多人早已不记得她是谁了。看热闹的人们带领着轿夫来到薛大娘家。一进门,见到已经白发苍苍的薛大娘,吕三娘禁不住热泪盈眶。她和儿子吕逢春双双跪下,告诉还在发愣的薛大娘,自己就是二十年前她老人家帮着接生的逃难人啊!她说:当年回去后,公公、婆婆由于饥荒都饿死了,她丈夫后来出去逃难,也不知了去向。于是孩子也跟她姓了吕。她一个女人家,含辛茹苦把儿子逢春抚育长大。由于逢春勤奋读书,在十八岁那年考中进士。如今奉旨外放做官,途经苏州,遂特地来此寻访恩人。说完又同儿子逢春叩头拜谢薛大娘。吕逢春拿出许多锭银两要给恩人,老人却坚持不收。这时,吕逢春见附近两岸都是看热闹的百姓,只可惜河上无桥,百姓都在岸边隔河相望。于是,吕逢春再次把银两取出,送给恩人,委托薛大娘,在这条河上造一座桥,方便百姓来往。这下,薛大娘终于收下了银两。

就这样,经过近一年的时间,桥造好了。大家一起商议,决定把此桥称为"报恩桥"。民国初期,太湖洪水把报恩桥冲垮。洪水过后,地方上又开始修桥补路,这里重造的桥被工匠取名为"北安桥",这既是"报恩桥"的谐音,也和南面的南安桥相对。

口述人:薛火祥

大坟头

望亭大运河东岸西六都上下图有一条南北向的河浜，全长七百米左右，浜稍北处，过去有个大坟，内有五个坟包，坟前有一块大青石碑。据识字的人讲：坟主人姓吴。后来修建铁路时，整个大坟被迁移集中在现在铁路的西侧，原坟旁一条河浜被人们称为"大坟头浜"，浜上的自然村名曰"大坟头"。

　　传说，明代东桥那边有一户姓吴的人家，主人叫吴先君，他有四个儿子，靠贩卖私盐为生。他们佯装贩运玉米和小麦，中间掺藏盐巴。每到一地，都在深更半夜交易。由于他们生意越做越大，人手渐渐不够。于是他们决定选用年轻力壮的乞丐帮忙。每做成功一次生意，付他们一定的工钱。开始几个月很顺利，这几个乞丐也感到很满足。但是时间长了，乞丐就不听话了。看到主人吃喝嫖赌，他们也心里痒痒。胆子大的就索性跟着吴家父子进了青楼。由于吴家觉得乞丐们知道他们的底细，不便发作，就给他们结了嫖资。谁知，乞丐们得寸进尺，到后来，索性要跟吴家父子四六分账。吴家觉得这样下去不是办法，就想到了杀鸡儆猴的办法。在一次深夜运输途中，一个为首的乞丐又借口要钱了。吴先君指使小儿子把那个为首的乞丐结果了性命，把死尸装入麻袋，抛沉河中。其他乞丐见状，吓得魂飞魄散。于是，他们有人偷偷溜走，去官府告发了吴家父子。因为人赃俱获，吴家父子最终还是被问斩了。

那么他们的墓为什么会在望亭呢？据说原因是这样的：第一，他们事先请风水先生在望亭这块土地上选择了一块风水宝地；第二，吴家家属为了隐瞒父子五人被朝廷问斩的历史，所以选择了距离东桥有点距离的望亭。

口述人：郭坤根

仁巷墙里

在太湖东岸望亭五都八图仁巷墙里，原来有一座豪宅。传说这座豪宅的主人名叫周泉宝，也有人叫他周聚宝。这个人从小就聪敏好学，他五岁进私塾读书，到了十三岁那年，才华已然了得，遂到姑苏城内道前街上一家典当行去做学徒。他跟着大小朝奉学习文玩鉴定，三年出师后就到浒关开了一家"周记典当"。

这是当时浒关的第一家典当行，生意非常兴隆。望亭、东桥、黄埭、通安、金墅、光福、善人桥等近百里的人都知道浒关有一家典当铺老板既识货，又办事公道，于是"周记典当"名气越来越响。

周泉宝在浒关镇上开典当十多年，生

意顺风顺水,挣到了很多钱,于是他准备在老家望亭重新造房。他购进大批优质木材,又请了香山匠人设计、施工,房子落成那天,恰巧乾隆皇帝来到望亭。这个惊天动地的好消息传遍了望亭,大家都开玩笑说周家是"天大的面子"。

周家新房造好之后,周泉宝就去上海发展生意了。但是这里还是一直有家人居住。但凡周家亲戚朋友有难事,只要找到周家大门,周泉宝关照家人多多少少总归给一点资助。逢到荒年,邻居走进周家墙门,也不会饿着肚子出来。穷人家死了人,买不起棺材落葬,只要一到周家,周家老太马上吩咐佣人去镇上买棺材送到死者家中……所以人们把周家屋叫作"仁巷墙里",意思是仁义之家。周家的后代有的参加革命工作,有的出国留学。中华人民共和国成立后,周家把自己的房子捐给国家,分给当地百姓住。后来拆屋拆墙时,大家还在墙中发现了藏着的银洋钿。

         口述人:周水龙

田钵头港与赌神庙

在北宋以前，每逢初夏黄梅季节，太湖流域往往会遭受水淹。望亭也不例外。后来传说范仲淹到望亭亲临指导农业之后，太湖水患渐渐得到治理。一部分范氏大家族的后人到了这里定居，开挖河道。他们不忘范仲淹幼年"断齑画粥"的经历，为了告诫子孙，吃完粥饭也要把钵头舔得光光的，于是就把一条他们开挖的河道命名为"舔钵头港"，后来以讹传讹，现在大家都写成了"田钵头港"。

据说，范家为了把言而有信的家风更好地传之久远，还协同乡邻一起在港边建了一座庙，人称"赌神庙"。为什么称"赌神庙"呢？原来范家规定，凡有大事，要做出什么决定,一定不能过一段时间就不认账。为了防止食言,这时就要进庙赌咒。这个赌神,不是赌博之神,而是诚信之神。久而久之,立誓赌咒督促大家严于律己的做法也就在望亭流传来了。

口述人:尤增宝

乌鹊渡与寺东桥

古代望亭镇迎湖寺东面有一条南北向的河道，河的南面有乌鹊渡，北面有寺东桥。两处距离相距一百多米。一般有了桥就不用渡口了，可这里为啥既有渡口又有桥呢？

原来，传说西晋时，僧人大通在这片土地上建造了西湖寺，据说该寺院占地千亩以上。建寺之初四周河道上没有桥，前来寺院焚香的人们，都要乘坐专门的烧香船。船都停泊在寺前浜和寺后浜（寺湾里）中。烧香船停靠的渡口西侧河岸上生长有许多大树。由于树木茂盛，引来了许多鸟类栖息。其中尤其以喜鹊为多。因为喜鹊背上黑色羽毛较多，所以望亭人把喜鹊叫成了乌鹊。也因此,人们就把这个聚集了许多乌鹊的渡口称为乌鹊渡。

到了北宋年间,这个渡口的东岸有一位专为香客摆渡的老人,他平时以捕鱼捉虾为业,每逢初一、月半,就为香客摆渡。这位老人姓许名惠根。许惠根老人为人和气。他准备了一只积钱罐,一般香客上船自愿付钱,经济有困难的人不付钱,他也照样让人家乘船,从不斤斤计较。烧香的日子,风平浪静还好,一旦遇到刮风下雨比较麻烦了。有一天,风大雨大,小船摇摆不平,不一会儿就侧翻了。香客中老人多、妇女多,不会游泳的更多,虽则有人帮着相救,但是最终还有五六人未被救起。许惠根深以为憾,他决心灭渡造桥,遂把心愿和寺中的方丈说了。方丈也早有此意,于是,西湖寺就发动僧人们去苏州化缘,经过多年努力,终于筹集到了资金,在乌鹊渡北面、寺院东面造了一座石桥,人称寺东桥。从此乌鹊渡就被废弃了,翻船的事再也没有发生过。

口述人:潘阿申

施公桥与水公桥

传说明朝嘉靖年间,望亭大旱,连续数月无雨,使得原来风调雨顺的鱼米之乡,一下子处处庄稼枯萎,河床见底。人们原来吃水靠井里打水,现在井底也无水可取。就在这时,传来了牡丹港中段四河口东有个深潭不断涌出清泉的消息。这个消息传到四邻八乡,灾民们都挑着水桶来这里取水。这下引起了泉旁姓黄大户的邪念。这个姓黄大户名叫黄财源,他大摇大摆走出来,手中拿一把大蒲扇,不慌不忙地开口了:乡亲们,你们知道我叫什么名字吗?我叫黄财源。老天帮我忙,是我的福分到了。为啥其他地方都没有水,唯独我家屋后有水呢?这就是我的财源。你们

取水可以，不过不付钱就想吃了这个水，你们试试看！大家知道黄财源财大势大，不好惹，于是只能付钱买水。没带钱的人只能回去拿钱之后再来取水。

取水的人中，有一位来自本地刘家浜腿脚不方便的刘老汉。他花钱买水后，一瘸一拐挑着两只水桶回家。谁知就在路上，遇到了地痞流氓毛虎、毛狗，两人光着膀子，见到有水，喜出望外，不管三七二十一，夺了刘老汉的水桶担子就走。老汉哪里追得上他们啊！情急之中，只能大声呼喊。恰恰他的儿子就在附近，闻声上前，拦住了毛虎、毛狗，想要说些好话，把水拿回来。可是在这样干旱的日子里，水就是钱，水就是命，地痞流氓又岂会听他的呢？好说不行，血气方刚的小刘就上前抢夺，可他哪里是二人的对手！毛狗抱住小刘,毛虎用刘老汉挑水的扁担往小刘头上砸去,小刘应声倒下,一命呜呼。刘老汉老来得子,见唯一的儿子被害,他也失去了理智,要找二人拼命。毛虎、毛狗杀红了眼,索性一不做二不休,没几下就把刘老汉也打死了。

望亭灾民为取水,连续打死了两个人,舆论哗然。后来毛虎、毛狗虽然被缉拿归案,但是大家认为这个源头还是出在黄财源那里。如果他不收钱,任人取水,那么地痞流氓也不会去抢水,更不会杀人。为了平息众怒,官老爷只能做和事佬,让黄家免费供水。可是人们还是不满意,想要拿回原来的买水钱。但这钱怎么退呢,当时又没有记账。这时,一位前去协调的施姓官员提议:黄财源,你家那么多钱币放得满屋都是,应该取之于民,用之于民。我看趁现在河中无水,就在那里造一座桥吧,方便河道有水时大家行走。黄财源见官老爷说话了,不能不给面子,连忙哈着腰说:是是是,好好好,照办照办……

就这样,这座三孔石桥很快造好了。黄财源为了拍这位施姓官老爷的马屁,就在这桥上刻上"施公桥"三字。可施老爷来视察新桥时,却觉得不妥,他说:黄财源啊黄财源,你这个钱是因水而得,还是叫"水公桥"吧。

其实,望亭话里,"水""施"同音,在很多人印象中,这座桥就应该写成"施公桥"。所以1974年大搞水利工程拆除老桥时,在不远处的奚家新开河上造了一座水泥桥,桥身写的就是"施公桥"三字。

2008年冬,在距原"水公桥"西七

十米左右的地段,要建一座"牡丹港东闸站"。在施工深挖时,河底顿时冒出数丈高的喷泉。可见,传说当时黄家附近有大泉眼的事很可能是真的。

口述人:尤万良

蒋家桥、火烧场与杨家沿

蒋家桥与火烧场是望亭的两个古村。蒋家桥原属迎湖村十二生产队,火烧场原属太湖村十六组,这两个自然村农田相连,房屋挨得很近,地名的由来也源于同一个传说。

南宋时,朝廷腐败,加上战乱不绝,农民身处水深火热之中。百姓过着提心吊胆的生活。望亭一带,以杨虎为首的农民起义队伍逐渐壮大,农民为生活所逼,都投奔到了杨虎手下。杨虎自号将军,选择了一块四周有河有浜、能守能防的好地方开府,作为指挥所,并在河上建了吊桥,这桥因为是杨虎将军所建,故名将家桥。随着起义队伍扩大,人员越聚越多,杨虎靠自供自给远远不够，在这种情况下，他只能率领部下到处掳掠，势力范围越来越大。杨虎从原来的"替天行道"，变成了后来的打家劫舍。附近百姓惧怕杨虎掠夺，不少农民只能搬迁至他乡。这下惊动了南宋皇朝，朝廷多次下旨要岳飞出兵平乱。可是岳家军中北方兵多，他们不习水性，首次两军水战，岳家军竟然被杨虎击败。后来请渔民中身手上乘者为岳家军培训操练。通过几十天辛勤操练，北方兵也逐渐会在水里像鲤鱼那样自由自在地游来游去。这时有人献计，暗中潜水，用绳索把船锚相连。待到再战，只要一艘船被凿沉，其他船也跟着倾覆。只要一艘船中箭着火，其他船也跟着着火。不多时，敌军就乱了套，杨虎只能眼看着东方的熊熊大火，收拾残军逃离了。许多没有跟上的残兵，纷纷逃往了远河东岸现在的杨家沿一带居住。

后来，将家桥以讹传讹被写成了"蒋家桥"，火烧之处附近的村庄被称为了"火烧场"。

口述人：尤木香

双白桥

在望亭镇南部中四旺浜运河口,原有一座石桥,有人写"双白桥",有人写"霜白桥"。这两种写法哪一种正确?请看下面的故事。

传说自从隋炀帝开凿了大运河之后,南北来往畅通无阻,物资运输源源不绝,可是逆风逆水时,行船免不了还要靠纤夫拉纤。于是在大运河西侧,形成了一条纤道。纤夫一路唱着纤歌,一步一步向前,为大运河增添了一道风景线。为了纤道连贯,在江南,地方官府只能助资造桥。到盛唐期间,大运河西岸凡有河港口岸的,已经全部造桥。在望亭境内共有九座石桥先后开工。造桥最合适的季节是在秋末冬初，这时雨水少，河道处于枯水期，便于施工。在望亭南部中四旺浜口也开工造桥了。

　　那一天清早，河北岸高高的石堆上出现了厚厚的一层冰霜，南岸石堆旁的青菜叶子上也出现了薄薄的白霜。参加施工造桥的工人，在抬石块时无意发现北岸石块上的霜特别厚实，不像下霜，倒像是下了一场雪。而他们去抬南岸的石块时却发现这里仅有薄薄的一层白霜，青菜叶子上的霜则更少。大家不知其故，就去请教当家师傅。当家师傅曹乾祥听了，他说：石头感觉上比植物散热块，加上堆在北岸的石块很高，西北风吹来时，风在这里因为石块的阻挡而变小，所以南岸青菜叶子上的霜薄，北岸石头上的霜厚。大家听了无不赞服。

后来桥建成了,大家想起建桥时这段趣事,就在这座桥上刻上了"双白桥"三字,盖取两岸双双见白霜之故。当然,以此想来,写成"霜白桥"也是有一定道理的。

口述人:陆阿二

青石皮桥

望亭镇原新埂村泥埂上,南至鱼池沿的河面上有座古桥,名谓"青石皮桥"。

传说有一年入梅之后,天天不是暴雨就是小雨不断。有一天,特别闷热,天上闪电成片,雷声隆隆。就在这时,天空中飘来一块特别的乌云,一直从天空落到河面上。由于这几天大雨滂沱,河水越涨越高,那块飘落下来的乌云就从南往北飘到了河滩边上。大雨停了,人们又到田中莳起秧来了,正待大家准备洗了脚回家吃晚饭时,有人惊奇地发现,前几天空中落到河里的乌云竟然变成一块石头,停在了河滩边。大家见这块石头很大,石身青色,形似云朵,无不啧啧称奇。后来有人说,我们这段河上没有桥,大家过河不方便,这是天神天将趁下大暴雨的机会送给我们造桥用的桥面啊。众人闻言,无不赞成。于是群策群力,从别的地方找来不少其他石材,又延请石匠将这块青石稍加处理平整,作为梁石。不出数月,一座新桥就建成了。大家想为这座桥起个桥名,可众说不一,后来觉得还是让石匠师傅说了算。石匠说:你们不是看到我把这块来历不明的青石雕成石板吗,我看就把这座桥叫作"青石皮桥"吧!两岸群众一致拍手同意。

　　对于这座桥,还有另一个传说。这就和《白蛇传》的故事有关了。据说镇江金山寺被淹后,法海禅师要收许仙为徒,被白娘娘和小青击败。法海不甘心,于是决定各个击破。他先腾云驾雾,对较弱的小青穷追猛打。小青边打边退,她拿出一块青色手帕一扔,手帕就变成了一块云朵。小青脚踩云朵,继续同法海搏斗。两人拼得你死我活时,观音娘娘看到了。因为他们的打斗导致地上洪水泛滥,百姓很快要遭受灭顶之灾了。观音娘娘连忙大喊一声:"法海、小青赶紧住手!"可两人越战越勇,观音娘娘的话,他们虽则听到了,却只当无事,照斗不误。观音无奈,只得施法定住二人,小青脚下那块手帕渐渐往地面飘下来,不一会儿落到河面上,正巧架在南北两岸,瞬间变成了一座石桥。所以后来大家就把这座桥叫成"青石皮桥"。

后来,由于农业机械化灌溉的发展,抽水船进出被这座桥的石板阻挡,在1958年夏天,农民们用铁锤把这桥敲碎了,石块沉在水下,但这座桥的名字却永远留在人们脑海中。

口述人:尤万良

无锡墩

在望亭镇下塘,现在新埭村东林浜西岸距望虞河南两百米左右,原来有一个高而大的土墩,人们都称它"无锡坟"。其实它不是坟,只是一个大型土墩。根据人们回忆,墩高有二十多米,墩底周长约一百五十米,形似金字塔。附近的孩子小时候还在这里比赛登高,看谁最快爬到顶上。

这个土墩据说和太平天国运动有关。同治年间,李鸿章率领的几十万清军气势汹汹围歼太平军首领李秀成。在那个年代,太平军驻扎在望亭一带,主要在大沟头、月城里的运河两岸,还有蠡河口、杨家渡和唐家桥的蠡河口、沙墩港口。李秀成率领十三个王和三十万大军同李鸿章决战，即历史上有名的大桥角战斗。这场大战历时二十多天。李秀成在战争之前，率领几十万人马在大殷埂北和望虞河南之间，日夜奋战，筑起了一个可供登高远望的瞭望台，以此作为练兵指挥台，可以看清无锡方向清兵的来势、动向。由于土台高大，建台挖去大量泥土，在望虞河南挖出几条小浜，即现在东林浜、西林浜和新开河。

大桥角战斗结束了，但这个墩依旧存在。由于这个墩很高大，特别是向北看，能看到无锡的惠山和锡山，梅村、鸿声方向的情况也一览无余，所以后人就把这个墩叫作"无锡墩"。

这个大型土墩现在为什么看不到了呢？原来，"大跃进"时，大搞水利建设，全公社用了两年不到的时间,造了王干浜、浪浒桥、车水浜、大通、观鸡桥五处大型灌溉机泵,灌渠高约两米,沟宽约三米,单岸可以开拖拉机,为此全公社用土量大增。观鸡桥渠的用土就主要靠开挖无锡墩。墩上剩余的土,后来供土窑烧砖坯和烧瓦或者被用来平整农田了。就这样一个高大的无锡墩,最后完全消失了。

口述人:杜永江

羊尖浜、造弓浜与羊小桥

望亭是个古镇，但镇上留存的古迹非常少。原因是这里历来是兵家必争之地，战争太多，很多古迹都先后毁于兵燹。虽则如此，却留下了同军事、工农业等有关的铁匠浜、马场浜、羊尖浜、船舫浜、大车浜、酒巷浜、糖场里、谢花浜、花泾角、菱巷浜、野菱浜等地名。这里就来讲一个关于羊尖浜的由来。

唐朝时，薛仁贵一族名满天下。薛仁贵，出身于河东薛氏南祖房，于贞观末年投军，征战数十年，曾大败九姓铁勒，降服高句丽，击破突厥，功勋卓著，留下了"良策息干戈""三箭定天山""神勇收辽东""爱民象州城""脱帽退万敌"等典故。唐高宗时，薛仁贵累官至右领军卫将军、检校代州都督，封平阳郡公。后来唐帝国衰落，奸贼当道，薛家的一支由薛雷、薛云、薛霖三兄弟带领，来到了古望亭南一条浜上。这里人口稀少，农田荒凉的较多。兄弟们就在此种田为生。但是到处兵荒马乱，他们居安思危，仍旧不忘兵备。说到兵备，人好找，可是武器却难弄，特别是金属的兵器。所以大家思前想后，还是要造箭。他们看到这里竹林较多，又了解到望亭西南有王家的制弓作坊，所以三兄弟就开始在造箭上动脑筋。要造出箭，有劈竹、削竹、打磨等多道工序。三兄弟带领大家边做边学。开始时他们造的箭箭身轻重不匀，箭头不锋利，箭在空中发飘，命中率不高。他们知道失败是成功之母，更加认认真真操作，手上生了老茧,血泡也出了不少,但他们没有后悔,经过几天的努力奋斗,他们的手艺越来越熟练。

从此薛家制箭的名气也越来越大,虽然他们后来没有再参加战斗,但是他们生活过的地方却被称为"羊箭浜",后来以讹传讹,被写成"羊尖浜"。而王家的造弓之处附近的河浜,则被称为"造弓浜"。

那么为什么要叫"羊箭"呢?因为除了弓和箭外,这制弦也是一门学问。上好的弦都是用羊肠做的。从羊肠弦子上发射出去的箭,就叫"羊箭"。

在原望亭镇泥图村第十四组,有个不起眼的小自然村,这里三面环水,住着一位叫许大的年轻人。他是从北方过来的,熟悉怎么养羊。他到了望亭定居后,还是继续他的养羊事业。他发现这里的天气和北方不同，不适合大规模放牧，而适合圈养。于是他调整思路，根据之前养羊积累的经验，决定因地制宜圈养羊。他趁天晴，自己拿镰刀刈草晒干，长的草被编成草帘，可遮风挡雨，又把大批干草堆叠贮藏，待下雨天和冬季给山羊食用。许大发现这里的草往往带有太多水分，羊如果多吃含水量过多的青草，容易腹泻，于是他就把干草和鲜草混合起来饲喂羊群。许大开始只养了七只羊，由于他饲养得道，很快羊就越来越多，而且比本地人散养的羊更健康。到后来，他发展到养了几百只羊。许大了解到王家造弓需要六个月的小山羊的肠子做弦，因为六个月的山羊，肠子韧性大，弹性足，弦子耐用，拉开弓发箭射程远。于是他就和王家合作，长期给王家供货。为了方便出行，又防止羊群走散，他在自己住的地方造了一座设计巧妙的小桥。这是一座竹桥，中间有着不规则的高坎和缝隙，人可以自由跨过行走，但羊就无法越过。时间一长，人们把这座桥叫成"羊小桥"。许大养羊名气越来越大，他家的羊肉鲜嫩，羊皮柔软，供不应求。后来许大还在苏州开设了制衣作坊，专做羊皮袄。和他来往做生意的人越来越多，知道羊小桥的人也越来越多。

时过境迁，这座桥从竹桥翻建成木桥，从木桥改建成石桥，从石桥改建成钢筋水泥桥，但桥名一直未变。"羊小桥"的故事永远留在了人们心中。

口述人：岳根元、韩水根等

窑烧人浜

窑烧人浜，原浜口在望亭镇柿木泾河上。这条浜原在人民街上老的乡政府北大门前，位于老的中心小学和老的人民医院之间，在1982年之后就被填埋了，变成一条水泥路了。

据说，在明末清初时沿柿木泾河岸南侧有一座窑，专门为百姓造房盖屋烧砖制瓦。当时在窑旁取土，年复一年，大批的土被挖，把原来没有浜的地方挖成了一条浜。

有一年初春，天气还很冷，嗖嗖的西北风吹得行人们个个都缩着脖子弯着腰。那天渡口当班的陆巧根老人正准备收工，突然河对岸有位姑娘急急忙忙地走了过来，请他摆渡。陆巧根老人问："天这么晚，你一个姑娘家要到哪里去？"姑娘回答："到野菱浜阿姨家去。"等过了河，陆老汉不忘又说：现在天黑得早，姑娘你一个人要注意安全啊！姑娘道了声谢就走了。

　　姑娘上了岸，就发现迷路了。她虽知阿姨家在野菱浜，但很久没有去过了。正在这时，她看见附近一座窑上烟囱冒着黑色浓烟。她想那里肯定有人在，随即走了过去，想要问路。刚走到窑边，只见里面有人捧着一捆捆柴推进窑门，炉膛顿时大火熊熊。姑娘走上前，突然感到这里特别温暖。这个烧窑工，人们都称他阿夯，年龄近三十了，还未娶老婆。阿夯正要开口问姑娘，那姑娘先开了口："请问到野菱浜怎么走法？"阿夯知道野菱浜离这里不远,可他没有指点方向,反而说:"天色已经不早了,加上天特别冷,路途遥远,你一个姑娘走路不方便,还是在这里过一夜,到了明天我可以送你一程,好吗?"姑娘不愿意,她见阿夯贼眉鼠眼,心中惴惴不安,就想离开另外找人来问路。谁知刚转身走出几步,就被阿夯一把拖住不放。两人你拉我扯,一个身体单薄的小姑娘哪里是阿夯的对手!姑娘想大喊,却被阿夯封住了嘴巴。就这样,阿夯不顾姑娘拼命挣扎,把姑娘奸污了。这期间,姑娘奋力反抗,把一双绣花鞋踢得飞起来,掉到乱柴堆中,还把阿夯鼻尖也咬掉了一块肉。阿夯知道事情闹大了,他一不做二不休,看到炉膛中的烈火,邪念一动,就把这个姑娘塞进了火中,以为别人都不知道。

第二天天亮，有人来接阿夯班。阿夯手捂着脸，接班的人问他怎么了，阿夯为了不让他人疑心，就说自己晚上睡觉不小心跌了一个跟斗，把鼻子弄破了。

再说下塘那家好几天也不见姑娘回家，父母到处打听女儿的下落。一路问到渡口，陆巧根说：因为一天要摆几十次渡，人太多了，一时记不起来。于是姑娘的父母就把女儿身穿的衣服、鞋子都讲了一遍，陆巧根闻言突然想起来了，他说：那天天色不早了，有一位脚穿绣花鞋的姑娘来摆渡，她上了岸向西面的砖窑走去了。于是众人又来到窑上，问起烧窑工，得知前几天是阿夯烧窑。正在这时，被害姑娘的妈妈眼尖，发现有一根红线露在柴堆外，于是弯下腰把乱柴拨开，一只漂亮的绣花鞋出现了。她一眼认出这就是自己女儿的鞋子啊。这时,看热闹的人越来越多,有人马上去报告地方官,其他人则分散开来寻找阿夯。等到公差到来,阿夯也被人从附近的树林里找到了。见到公差,他身体抖个不停,等到公差问起他鼻子的事情时,他早已吓得不成人样了,结结巴巴把当天经过一一招供了。公差连忙用工具在窑门炉膛中反复掏扒,不多时残余的骨头就被扒了出来。

  于是,阿夯被判了死罪,收押起来。这座土窑也被官府封闭了。唯一流传下来的,就是这条河浜的名字——窑烧人浜。

口述人:陆福宝、陆阿二

船舫浜、大车浜与上潘浜

南宋时,杨虎农民起义军和岳家军对峙于望亭附近,于是双方都开始在附近寻找能工巧匠,或者造船,或者打铁。

由于造船需要吃水很深的河港才行,于是岳家军就索性自己开挖了河道,请了当地很多工匠为他们造船。他们造船的河道,后来就被称为"船舫浜"。

此外,在望亭西南方向有一条仁巷港,离太湖五百米左右有一条南北向的水浜。这里住有几位能工巧匠,专门制作灌溉用的水车。有人工踏轴转动的水车,也有用牛拉动的水车,甚至还造过三节的大型水车。这样一传十,十传百,望亭一带都知道这里是著名的"大车浜"了。

这条浜上有几位姓姚木匠,不但会造大型水车,而且还会造大型战船上的脚踏飞轮车。战船装上它们,行驶不用橹,而是用人工脚踏转轴带动水中飞轮,推动船在水上行走。这个消息传到了蒋家桥那边的杨虎耳中,也传到了岳家军耳中。结果双方都来找大车浜的师傅打造。师傅们表面上谁也不敢得罪,内心里却很讨厌到处烧杀的杨虎军,于是在飞轮的选材上暗暗做了手脚。他们给杨虎的飞轮,用料差,用的时间长了,齿轮就容易磨损。所以后来杨岳再次大战时,杨虎军队的战斗力明显就不如岳家军了。可怜杨虎竟然浑然不知。

杨虎苟延残喘,但毕竟大势已去,没多久就被岳家军捉住了。最后被朝廷明正典刑,斩于附近的一条河浜旁。因为是圣上颁旨判斩的,所以这里就被称为"上判浜",后来又被错写成"上潘浜"。

口述人:周水龙等

陆巷浜

望亭镇华阳村庙港北侧，有一条长浜，这条浜从东到西长达八百多米，浜西居住着多家姓薛的人家。

传说清初这里有位商人名叫薛逢春，自小聪明好学，十二岁开始就到浒关镇上的大盛米行学生意。他练就了口算账目、手掂米重的绝活，加之待人和气，帮着米行不断壮大，他自己也从小伙计升到了米行的二当家，挣下了不少钱。

这一年薛逢春同六个儿子一起吃年夜饭。他问起儿子们想做什么，儿子们纷纷表示要学他一样，做生意，赚大钱。他说：好好好，我来出本钱，知易行难，你们不妨试试。于是年初五就带着儿子们到华阳庙烧香,恳请上苍保佑他们都生意兴隆。

于是,在他们家附近,兄弟六人分别开了六家不同的商行,大家就把这里叫作了"六行浜"。

老大薛继春,原来是木匠出身,大木工小木工,样样内行。他做的橱、床、柜、椅、凳、箱、台,雕刻精美,松鼠串葡萄中的松鼠好像在奔下来,盛开的牡丹仿佛让人能闻到瓣瓣花香……薛继春自己开店后,生意很好。原来招收的学徒工,讲好提供食宿无工钱的,但由于生意好,大家都肯加班,薛继春还是不时给徒弟红包。

老二薛继宗,原来是竹匠出身,他开了一家竹行。由于他编制的各类匾、篮、席、筛,尺寸齐全,经久耐用,店里的生意也很不错。特别是这里养蚕的人,最喜欢到他家去买蚕匾。任务重时,他一天只能睡三四个小时。他学大哥,对徒弟们也很照顾。

老三薛继祖,有一手很好的裁缝工艺,天天起早摸黑,对品质要求一丝不苟。特别一到冬季,谁家儿子要娶亲,哪家女儿要出嫁,都要缝制新衣服。一家接一家,订单不断。由于薛继祖做衣服线脚好,款式新,穿上非常合身,许多人都是他的回头客。薛继祖在徒弟回家过年时,他学大哥和二哥,也给两个徒弟送了大红包。

老四薛继承,虽则在浒关大盛米行学的手艺,但他把自己的米行开在了望亭农村。这里一般人家家中囤足口粮,只有在荒月才有人会去他那里买米。粮食存放时间一长，米中蛀虫成灾，有时老鼠成群结队夜里偷吃大米，一年下来霉变、虫吃鼠咬的大米不计其数，他没有盈利，反而欠下了一屁股债。

老五薛继财，雄心勃勃，开了一家鱼行。可是这里靠近太湖，已经有很多家鱼行了。他入行晚，经营的折扣上没有优势，销路上更是如此。只能把鱼拿回家杀了腌制起来。可有鲜鱼，谁爱吃咸鱼呢？浪费了盐和人工，一年下来亏了一大笔钱，家中存放鱼因为腌制不当，变臭、烂掉的不知多少。

小六子薛继原，看人家养蚕，觉得这个风险小，利润大，也开了一家茧行。可是他从没学过养蚕，收购的茧子都放在了仓库中。由于存放时间过长，上层茧子中的虫蛹化了蛾子到处乱飞，下层茧子闷的时间过长,蛾子还没出来就闷死在茧中。所以他家的茧子很多都是白茧变黄茧,黄茧变霉茧。薛继源连声叹苦:想发财,穷得快啊!

六行浜的生意有好有坏,可是这个地名却流传了下来。后来以讹传讹,大家就把这里写成"陆巷浜"了。

口述人:倪根政、陈福兴

蚂蟥潭

在望亭镇大运河东岸有一个自然村,名叫蚂蟥潭。

传说,南宋望亭有位农民起义领袖杨虎,被岳飞在太湖水战中击败。其中有一位名叫杨财源的士兵流落到杨家沿。他除了种田之外,业余时间还捕鱼捉虾。夏天光着背,头戴草帽在田埂上捉黄鳝。由于大白天经常在烈日下活动,皮肤被晒得黑里发油,一到天凉了,他就满身发痒,无法入睡。于是他到处打听哪里有神医能把他的病治好。有一次,杨财源从金墅一位老中医那里得知,苏州石路小荒场那里,有一位郎中叫惠民树,最擅长治疗皮肤病。于是第二天,刚东方发白,他就赶到

杭桥头去乘往苏州的航船。经过五个小时的航行，航船到了石路老闾门。杨财源一路问询，找到了神医惠民树。惠郎中请杨财源坐下脱去上衣，仔细地看了一遍，说道：你这是日晒所致的皮炎啊，需要用蚂蟥才能治疗。杨财源一听大惊：蚂蟥，这不是吸血的毒物吗？惠郎中说：对，以毒攻毒。杨财源这才恍然大悟。

惠郎中开了一方：用蚂蟥晒干和硫黄、冰片打成粉，加适量菜油调糊涂抹。杨财源回去一试，果然立马就好了。为了感谢惠郎中，他过了几天，又拎了满满两竹篓的黄鳝去闾门拜谢神医。惠民树笑笑说：黄鳝你带回去吧，不过下次你有蚂蟥可以来卖给我。

杨树源一回到家第二天就开始捉蚂蟥，可是野生的蚂蟥实在太少了，他花了很长时间也没捉到几条。于是，他就想人工饲养蚂蟥。他在水沟旁、水塘、河滩边,像捕捉黄鳝那样细心观察,仿照野生蚂蟥的生长环境,在蚂蟥多的地方附近挖了个水潭。他在那里搭了个草棚,日夜守护,反复实验。他开始把活泥鳅和活青蛙投放下去,结果小蚂蟥被泥鳅和青蛙活活吞食了。他不死心,就把青蛙和泥鳅杀死之后再投放下去,又去镇上收来了猪血和洗猪肠留下的血水,作为蚂蟥的食物。由于杨财源聪明能干,不怕吃苦,他的蚂蟥越养越多,赚了不少钱。后来他索性把原在杨家沿的老房拆了搬移到蚂蟥潭附近。据说前后有三间堂四间厅,他也从一个贫穷的普通农户变成了有名的富户。这里人丁越发兴旺,逐渐形成了自然村。于是大家就把他居住的地方叫作"蚂蟥潭"了。

口述人:沈根兴

网船浜

在望亭华阳村陆巷浜东浜口,向北侧有一条五百多米长的浜,叫作"网船浜",这和原来此处都是网船上的渔民居住有关。

这里的河面宽大,水深适合停船。阳春时节,夹岸桃李盛开,风景很美。河岸上农舍一家挨一家,屋前屋后竹林茂密。所以渔民们选择在这块好地方定居是有道理的。加之当时湖匪横行,而这里地势比其他地方来得高,便于观察,一旦强盗来了,别的地方渔民只能乖乖地把值钱的东西拿出来,免得遭到杀身之祸,而这里却能利用有利地形观察,事先有所防备。加之渔民经常上岸出售鱼、虾、蛳螺（望亭方言，即螺蛳）等，时间一长，渔民们同岸上人家关系很好，一旦有风吹草动，渔民们敲打脸盆，岸上的人们就聚集起来，手拿扁担、竹棒、棍子等跑过来相助，所以强盗再猖狂也不敢来这里。

网船浜是渔民们歇脚居住的好地方，也有渔民们把这里形容为世外桃源。他们不光在这里停船，也在这里晒网。附近穷人居多，真正买得起大鱼的人还是少数。渔民也会把不能久放的小鱼、小虾放在竹篮中到附近叫卖，遇到没有现钱的，还可以以物易物，用鸡蛋、鸭蛋、大米甚至大蒜、韭菜换鱼、虾。渔民的生活是辛苦而充实的，这里还流传着一首渔民自编的山歌："网船娘子船头坐，两腿圈盘拣蛳螺。五六小囡在摇橹，光着背心赤屁股。

螺蛳虽鲜捉鱼苦,风里来嘞雨里过。这世人生无法变,来世人生再也不把渔民做。"

口述人:陈福兴、薛跃良、尤万香

牡丹港与牡丹桥

南宋时，传说岳飞在太湖一带打败过以杨虎为首的农民起义军。可之后没几年，他就被以秦桧为首的奸臣所害。

有一位从北方来的小女子，她风餐露宿，一路打听岳家军的去向，一走就是几十天。这一日，她来到了望亭，正巧岳家父子被害的消息刚刚传到这里。她本来就长途跋涉，身体虚弱，听到这个消息，瞬间人就站立不稳，昏厥倒地。人们围着姑娘，好心大娘一边喊，一边掐她人中，还有人拿来水喂给她喝。过了好一会儿，姑娘慢慢苏醒过来。好心大娘把她接到家中，经过一再询问，姑娘才开始说起自己的经历。

原来这位姑娘来自河南洛阳附近，姓

郁，名贞，是名将后代。有一次她骑马在外游玩，遇到了一位打猎受伤的男子，于是姑娘就把他扶上马，带到家中养伤。后来才知道，原来这位英俊的小伙子就是岳飞之子岳云。姑娘一家殷勤招待岳云，还拿出了家中最好的伤药敷在岳云的伤口上。经过几天治疗，岳云渐渐康复。他也爱上了这位善良的姑娘。临别时他说：郁小姐，多承你美意，我回家一定禀明家父，正式前来娶你。姑娘闻言，羞涩地低下了头。

可是，人算不如天算，岳云回去后没几天，就和岳飞一起被朝廷派往战场了。他时时刻刻没有忘记郁贞，多次差人送信给姑娘表明心意。再后来，由于战争频繁，交通不便，两个人就中断了联系。可是姑娘一直没有忘记岳云，她自备盘缠，告别家人，一路往南打探岳家军的消息。

好不容易千辛万苦来到这太湖之滨,孰料竟然听到了岳云被害的消息。郁贞悲痛万分,第二天趁这家大娘忙于做中饭之际,她偷偷溜出大门,走到太湖边,在一个河口投河自尽了。

大娘把中饭做好,饭菜放满了一桌子,准备叫郁贞吃饭,才发现姑娘已经不在家里了。大娘跑出大门,到隔壁邻居家去找,大家都说没有看见。于是全村男男女女都发动起来,到处呼喊:郁贞小姐,你在哪里啊?你不能想不开啊!到了下午,有一位渔民急急奔来,说他在河面上看到浮着鲜红的衣服。等大家过去一看,发现果然就是郁贞。于是赶紧把姑娘打捞上来,可惜这时她早已归西。

正在人们准备把这位姑娘找一个适合地方埋葬时,突然来了一队人,他们正是岳家的随从，是奉岳云遗言前来寻找郁贞的。他们一看躺在棺材中的那个姑娘，正是他们要找的人，顿时热泪盈眶，感慨姑娘有情有义。后来他们雇了辆马车，就把棺材运走了。过了数年，望亭地方上的百姓难忘岳飞"精忠报国"之举，捐资在港口北造了一座庙，名为"岳王庙"，又名"王渎庙"。庙宇正中塑有岳飞像，两边分别列有牛皋、王贵、张显、汤怀、岳云、王佐等像。每年正月初九、八月十五分别举行庙会。庙门前造了一座桥。岳云的未婚妻郁贞是洛阳人，洛阳牡丹甲天下，而郁贞在百姓心中又如同牡丹一样美丽，所以为了纪念郁贞，大家就把此桥命名为"牡丹桥"，桥下的这条河港也称为"牡丹港"了。

口述人：屈福祥、尤万香

长房村与长房浜

在望亭镇与东桥镇交界处，有一个长房村。为什么叫这个名字呢，原来过去这里有东长房、西长房两处豪宅。

故事还要从明代说起。传说明初的时候，这里住着一位姓王的大官。他年事已高，被恩准返乡养老。为官一任，他省下了不少银两，加之朝廷又多有赏赐良田，于是他就在家乡大兴土木，除了扩建自己的老宅外，还建造了东西两处豪宅（当地人称之为长房）。东长房由长子居住，西长房由次子居住。东西两宅中间，还造了一座花园。园中有池塘、太湖石垒起的假山，假山两侧有九曲小桥。花园中种着一年四季开不断的鲜花，如月季花、木香、桂花、广玉兰、凤仙花、夜来香、兰花、梅花等,池塘中栽有荷花,池中还放养了金鱼。几年之后,花园里的树木越发高大,花草茂盛,走在百花丛中,听着树上小鸟鸣唱,王老爷心里美滋滋的。

可是好景不长,随着老夫人去世,孩子们年龄增长,长幼两房的矛盾越来越突出。王老爷因为老来得子,对两个孩子都很娇宠。如今虽说两家都已成家生子,可是孩子们却并不孝顺他,只是眼睛都盯着他的这份家产。一天,王老爷一个人在花园里看着池中金鱼争食的情形,联想到两个孩子都自私自利,不仅啃老、互争,而且对自己也很不尊重,又想起了已故世的夫人,眼眶中泪水不禁滚出。他越发明白"清官难断家务事"这句古话的道理。

到了后来,东西两长房甚至还打起了花园的主意。不是东长房来园中移走桂花,就是西长房来园中移走玉兰,甚至两家都动起了池中莲藕的主意。有一次东长房的孩子到池塘中挖了一根藕拿回家,被西长房家的孩子看到告诉了大人,这下闹翻了天,两边都全家出动,双方都捋起袖口、板着脸、嘴里骂着人,边打架边纷纷下池子挖藕。王老爷去劝架,却被推倒在地。他老泪纵横,左思右想,觉得回乡造花园真是一大错误,要消除两家矛盾,只有赶紧把花园拆掉。于是他索性用剩余的钱请人把花园后面河浜向南延伸五十米,中间的花园全部被挖成了河,把东西两宅用河隔开。就这样,王老爷花掉毕生积累的财富造的花园最后变成了河浜。他没有了钱,两长房反倒是太平了。从此,那条浜就被叫成"长房浜"了。

口述人:李俊义、尤万香

运河古镇望亭历史地名传说

尤万良等 编著

苏州大学出版社

牛龙浜

牛龙浜在大丁家桥偏西南的方向，河口在牡丹港上，向西就是白水车潭。传说它的名字还与牛皋之子有关呢。

南宋期间，当时天下闻名的岳家军击败了以杨虎为首的农民军，谁曾想岳飞回去后没多久就被以莫须有的罪名杀害了。许多岳家军将士解甲归田，岳飞手下大名鼎鼎的牛皋不久也含恨而死。

牛皋故去后，留下妻子和儿子牛龙。他们举家来到了望亭避世。牛龙像父亲那样力大无穷，是个任劳任怨的庄稼汉。在望亭，牛龙垦荒种田，他垦田用的农具小的有十斤，大的超过十五斤。他一天能翻三五亩田。由于初到这里，没有养牛，耕田时，他母亲扶犁柄，牛龙代牛拉犁，一天竟然可以犁了十多亩地。以至于田埂上四面立了人观看他们拉犁，大家挑起大拇指，都称："了不起，大力士！"

解甲归田，牛龙把一股子力气都倾注在了田里。他不仅种粮食，还种了几十亩西瓜。由于风调雨顺，瓜田的收成很好。当时没农船运输，全靠人力用肩挑着箩筐运瓜。牛龙用的扁担极粗，扁担两头的西瓜足足有五百多斤。牛龙挑了西瓜一路奔跑，妻子拿了秤在后面追赶，到了街上，他的妻子上气不接下气，牛龙却气定神闲。街上的行人都围上来，啧啧称奇。牛龙媳妇见人多，赶忙当场开瓜，给大家品尝。大家一尝，瓜甜如蜜，人人争着挑选。买瓜的人排起长龙，不多时牛龙又挑着一大担西瓜跑来了。于是牛龙的名气越来越大,他也被越传越神,有人说他走路时腾云驾雾,喝酒用罐不用碗,一天能吃一斗米、十斤肉,农村不少媳妇还会拿自己丈夫和牛龙对比,谑称自己丈夫为"小男人"。

后来,牛龙所住的地方发生了旱灾,大批的人被饿死、病死,剩下的牛家后人也就搬走了,只留下了"牛龙浜"这个地名。

口述人:尤阿梅、尤万香

杭桥头

在望亭,自古就有农历三月十五开始前往杭州灵隐寺去烧香拜佛的传统。为什么要专门去杭州烧香呢?原来,望亭传说人在投胎之前,先要被上苍安排去杭州"掮扫帚",拿现在话讲,就是拿扫帚到杭州去打扫卫生。这项工作必须认认真真干,千万不能马虎,因为这是上苍考验你。如果你不爱劳动,做事不踏实,那么就无法投胎。

所以,但凡能够投胎的,长大了总想再去杭州看看,有点"故地重游"的意思。当然,这也不光是游玩,更重要的还有烧香,感谢上苍给自己做人的机会,同时也请上苍保佑全家平安无事。心诚的人，要连续去三次或者六次，甚至九次。而在望亭下塘的农村妇女要到杭州去烧香，都集中到杭桥头。这就是为什么写成"杭桥头"而非"航桥头"的原因了。

乘船去杭州烧香，启航之前还要敲金锣，祈求一路平安。到了杭州，有香头带领一路前进，一殿又一殿进香拜佛，烧完香往往会给家中孩子买些望亭见不到的玩具：拨浪鼓、小木鱼、路路通……

过去做这个生意的主要是一家姓朱的船行。朱家雇了六七个船工，有两只木船，旺季三四天就发一次船。过了烧香期，他们就专为镇上的商店运输货物。冬天，航船靠岸，还要进行保养，往往是涂上桐油，预防船体腐烂。朱家老板看到有些穷困人家的妇女，没有钱乘船，但也想去烧香，于是动了善心，让她们免费坐船去杭州。这些从来不出远门的妇女，闻不惯船体的桐油味，她们到了船上，很多人就晕船了，她们脸上大汗淋漓，眼睛发花，非常难受。有的人还说：后悔乘船了。船工听到了她们说的话，很不是滋味，脱口而出："白乘了航船还嫌桐油臭。"这句话后来在望亭广为流传，成了人尽皆知的俗语。

口述人：黄永林、尤万香

游龙木桥

开通了京杭大运河之后,江南一带的水上运输非常方便,沿大运河两岸城镇日益兴旺起来,各地农产品、手工艺品贸易越来越多。特别苏州同杭州的交往变得更为密切。传说望亭有个许姓大户见到了商机,就在离大运河不远的牡丹港南岸造起了航船,专做客运。当时也有其他人家做苏杭客运,为了招揽客户,许家就从自己航船的造型上动脑筋。他家造的船,形态优美,船头上雕有龙头,龙口露出龙牙,系上的彩色飘带好似龙须,船尾做得像龙尾。天好的时候,龙船被太阳照耀得闪闪发光。龙船在水上航行,好似真龙出水,引得岸上人们竞相观望。由此许家生意日

游龙木桥

益兴隆。许老板为了方便乘客上船,在牡丹港大运河口造了一座雄伟的大木桥。由于龙船停靠在此处,于是大家就把这里叫作"游龙木桥"。随着历史变迁,桥也从木桥改建为石桥,但桥名一直还是叫"游龙木桥"。

许老板生意越做越大,还在航船上开起了饭店。顾客可以随意选择,有苏式糕点,有饭有粥有菜,有面有馄饨。晚上住宿提供被子,非常舒适。同时许老板为了发展沿途的生意,还请来了能说会道的人,到各村各巷游说,讲杭州如何美丽,寺庙中的大佛爷如何显灵:苏州石路一家药店开始生意不太好,店老板的老婆去杭州烧香三次之后,这家药店生意红红火火,店面越开越大。苏州平门有一家丈夫卧床不起,他老婆去杭州烧了一次香,如今丈夫生龙活虎，精神抖擞，还同老婆又生了娃……特别上了年纪的人，格外相信这些，大家也就争相报名组团去杭州进香了。这时有个刘三姑见有利可图，就也学着做"香头"。经过她的游说，原来不想去杭州烧香的妇女，也纷纷向刘三姑报了名。那些报了名的人，按时高高兴兴来到游龙木桥，可是从船头跑到船尾，也找不到刘三姑的影子。于是大家分头行动，终于在外地找到了刘三姑。这时的刘三姑还像个没事人似的，在家中大灶前烧饭呢。结果当然是刘三姑退钱了事啦。

于是望亭就流传开了一句俗语："三天三夜上杭州，四天四夜还在大屋灶前头。"意思是骗人家去做事，自己却在家偷懒。

口述人：尤万良

董巷浜

望亭镇南部的吴泗泾村有一条著名的长浜，从南往北全长一千两百多米，现在大家都把这条河写作"董巷浜"，其实追其根源，应该是写作"董杏浜"。

故事还要从明代说起。那时候这里住着一户姓张的人家，户主叫张木根，儿子叫张文祥，两人都擅长做木工，特别做小木工。父子两人做的家具不仅实用，而且美观，谁家儿子娶亲，哪家女儿出嫁备嫁妆，都要请张家父子去做家具。

一次，张家父子被邻居介绍到了光福镇西的董文秀先生家去做家具。这位董先生在当地是有名的私塾先生。他家养育着四位千金：大千金叫董梅，二千金叫董杏，三千金叫董桃，小千金叫董橘。这次就是因为董家大千金要出嫁，所以才请他们来打造家具的。说起这四位千金，可谓个个心灵手巧，同样的底稿，经她们四姐妹手，绣出花样就是比别人的强。她们绣的牡丹花就像早晨刚开，绣的喜鹊好似在鸣唱，绣的龙好像要腾飞，绣的凤凰翅膀能闪出各种光芒。这一切都被在他们家做木工的张文祥看在眼里。张文祥暗暗地想，董家四个姐妹谁家能娶为媳妇，谁家就有福气。张文祥同父亲张木根一起在董家做木工近一个月了，董家的大小橱柜、椅桌条几等个个都出自他们之手。董家四位千金看了他们的手艺，也很赏识。

  一天吃罢晚饭，张文祥把内心的想法告诉了父亲张木根：想要娶董家的小姐。张木根觉得儿子很有眼力，第二天上工到董家，张木根就特地见了董文秀老先生，把儿子张文祥的想法转告给他。这些天来，张文祥给董文秀的印象也很好，于是他一口答应下来，说：老大嫁了嫁老二，挺好挺好！张木根遂委托媒婆上门，正式提亲，请把董家二千金董杏小姐许配给张文祥。

到了十二月初三那天，张家门前喜气洋洋，张灯结彩。浩浩荡荡的娶亲队伍从上午就开始出发了。新郎张文祥头戴礼帽，胸前挂着大红花，骑上枣红马，一路吹吹打打来到光福把董杏迎娶到望亭。十里八乡知道了，都夸这对夫妻是"郎才女也才"。

一对鸳鸯从此开始在一起生活。董杏嫁到张家后，没几天就在院中架起绣绷。附近的小姑娘见了都来围着董杏观看。有几位天天都来，董杏姑娘是位热心人，她看出乡邻的心意，先开口了：妹妹们，你们看到绣花好奇，要想学绣花可以。我可以回去拿简单花样过来，一步一步教你们，你们只要耐心、认真，一定会成功的。大家无不拍手称好。

于是董杏回到娘家，拿了绣绷、样花回来，学刺绣的小姑娘每天准时来到张家学艺。董杏第一步先教她们怎样劈线、认色，渐渐由浅入深。大家学得都很认真。她们往往在绣绷上绣了一片叶子或一小朵花，就走到董杏那边，请师傅指教。董杏也毫不含糊，哪里做得好，哪里针脚紊乱或线条不平整，她都一一指出。几个月下来，不少姑娘就能独立开始绣花了。但她们不放心，不敢在家独自一人操作，还是喜欢拿了绷架到董杏那里一起绣花，这样便于请师傅指点。所以张文祥家场角上，一直能听到姑娘们的说笑声。有一次一位姑娘不知从哪里听来的,突然问起师傅:董嫂嫂,听说您前一天绣好一幅凤穿牡丹,第二天早上一看,牡丹花旁少了一只凤凰,有人还看到那只凤凰飞走了。董杏听了忍俊不禁,说道:"你哪里听到的,这是不可能的。所谓行行出状元,强中还有强中手,没有最好,只有更好。你们今后绣花也可能超过我。只要你们用心,就会越做越好。"

就这样,在董杏带领下,这里诞生了一批又一批优秀的绣娘。那些绣娘们,做了绣品交货、取货,都不忘去董杏家坐坐。时间一长,她们就把董杏家附近的这条河浜称为"董杏浜"了,后来又被误写成了"董巷浜"。

口述人:徐泉元

田都里

望亭镇北有一个自然村名叫"田都里"。虽然这里的百姓都姓李,可是村名却不叫"田都李"或者"李家村"。这是为什么呢?

原来传说北宋时,这里曾经闹过罢交皇粮的事。这事说大了去,可是砍头的罪啊。村里报到苏州,正巧范仲淹在苏州任上,于是他没有武断地派兵镇压,而是亲自来到了望亭。

农民素闻"范青天"的美名,见到范仲淹来了,觉得有了希望,纷纷找范仲淹诉苦。原来这里闹了蝗灾。广阔土地上,到处出现成群的飞蝗。那蝗群飞过的时候,黑压压的一大片,连太阳都被遮没了。蝗群落到哪里，哪里的庄稼都被啃得精光。那时候，人们没有科学知识，认为蝗灾是天降给人们的灾难。百姓试了用竹棒赶、脸盆敲、抬猛将老爷等方法，都不管用，人们拿它们没有一点办法。范仲淹听后，就向皇上上了一道奏章，请求免交这里当年的皇粮。同时他认为，只要齐心协力，开动脑筋，蝗灾是可以消灭的。

经过思考，范仲淹想出了一个办法。他带领百姓一到夜里就在田头点起火堆。等飞蝗看到火光飞下来，就集中扑杀；同时在田边掘个大坑，边打边烧。范仲淹的办法起效了，蝗虫得到了控制。第二年，范仲淹又在望亭大力推广圆形车盘、瓦垄式田等农业技术革新，他也邀请这里的百姓去学习、推广。范仲淹通过示范，把道理讲清楚了，农民们个个点头，都认为范

仲淹不光理政拿手，种田也是内行。范仲淹还特地对受过蝗灾地区的百姓说：你们切记，蝗虫虽然走了，但是它们的虫卵还在，要想今年没有蝗灾，一定要烧荒、深耕，不管种不种，所有的田都要犁！

范仲淹走后，农民们回到自己的村上，按范仲淹讲的方法进行深耕、遍犁，又引进了瓦垄式田等技术，到了夏收时，果然大丰收。村民们满脸笑容，都不忘范仲淹的恩情。于是索性把这个遍村田地都深犁过的地方叫作"田都犁"。由于时代更迭，"田都犁"也就变成了"田都里"。但是这里的人们还世世代代铭记着这段特殊的历史传说。

口述人：黄荣根

大吴泗泾与小吴泗泾

在望亭镇南部与通安镇接壤的地方，有个吴泗泾村。这个村里有两条河流，东首一条叫"小吴泗泾"，西面一条叫"大吴泗泾"，这两条河都北起田钵头港，南至前溪港。

传说，这里曾住过一位名叫吴汉民的老汉。他家有良田近百亩，房屋十多间。他很早就成家了，可一直没有孩子。夫妻俩寻医问药，好久才陆续生了两个儿子，大儿子叫吴继祖，小儿子叫吴继宗。夫妻俩由于老来得子，对两个孩子都很宠爱，特别是吴老汉的老伴对小儿子格外宝贝。小儿子要啥依啥。

吴汉民为了儿子更有出息，把私塾老

师唐贤生请到家中。吴老汉大儿子吴继祖非常认真,听从老师教导。可是小儿子吴继宗读书却有口无心,常常听听课就睡着了。吴汉民从唐老师那里知道了,有了火气,就想教训教训孩子。可是还没打他,吴继宗就大哭大闹起来。在屋内做家务的吴老汉老伴听到小儿子继宗的哭声,立马赶来,对老头子说:"读不读书有什么要紧?你要打就先打我吧。"几次三番下来,唐贤生怕影响夫妻的感情,就再也不说什么了。

时间过得很快,吴老汉的儿子们陆续长大成家。可是兄弟俩一勤一懒,家中矛盾不断。小儿子继宗成天吃喝玩乐,闹着分家,最后无奈,在老伴的撺掇下,终于同意了。

到了第二年春天,由于经年劳累,吴

老汉卧床不起。他一连咳了数天,最后撒手人寰。没几日,老伴也伤心过度,离开了人间。

两人只能各过各的。在分家后,继祖、继宗都在种田之余从事养鱼。到了春季放养鱼苗时,两兄弟都照着师傅的要求放养了。吴继祖把老师傅教的饲养方法一一记在本子上。他常常同妻子一起到太湖边去掏螺蛳、摸蚌,回来后投入河中。由于夫妻严格按照古法养鱼,勤勤恳恳,所以他们养的鱼又多又大。吴继宗呢,平时好吃懒做,对鱼池更是疏于管理,全靠他的妻子一个人料理。

又到要过年了,外地收鱼的人来了。他们见到吴继祖夫妻和外来帮工正在排干鱼塘中的水,天虽然很冷,但继祖这里满塘鱼跃。上去一过秤,草鱼和青鱼最小的四斤，最大的超过十五斤，鳊鱼和鲢鱼也长得肥肥胖胖的。没几天，这里上万斤的鱼全部一售而空。再看西边河港上，吴继宗家也在起鱼池。可这里的鱼太小了，最大的也就四斤，小的更小。所以收鱼的人都看不上。吴继宗只能自己挑了两筐鱼到街上去卖，结果自然也没卖出几个钱。

从此这里的人们，半开玩笑地把吴继祖放养鱼的河港叫成"大鱼四斤"，把吴继宗放养鱼的河港叫成"小鱼四斤"。望亭话里，"鱼"和"吴"同音。于是"大鱼四斤""大鱼四斤"渐渐就被讹为"大吴泗泾""小吴泗泾"，并作为这两条河的正式名称。

口述人：隆运道、吴小狗

鸭船桥

望亭镇吴泗泾村东南部,在小吴泗泾港口与前溪港交汇口西侧,原有一座木桥,人们都称其为"鸭船桥"。虽则这座桥在历史上存在时间很短,但是有着一段鲜为人知的故事。

那时候,前溪港西侧住着一户姓惠的人家。家中仅有母子俩相依为命。儿子叫惠阿仁,聪明能干,穷人的孩子早当家,他看家中仅有一亩多薄田,就同母亲商议准备养鸭子增加收入。因为他家门前有宽阔的水面,是养鸭子的好地方。于是母亲就拿出不多的积蓄给惠阿仁,让他在金墅街上赶集时去买鸭子。买回来的鸭子还小,不能独立寻食。于是惠阿仁就到各家河埠头、码头上摸螺蛳，敲开了喂小鸭吃。养了一个月之后，小鸭出了大毛，就被放在河中任其自由采食了。待到四个多月时，鸭子开始产蛋。由于河中食料丰富，鸭子产下的蛋很大。母子俩平时不舍得吃，就拿鸭蛋换大米和日用品。惠阿仁对养鸭很有研究。第二年又购了几十只小鸭，他家的鸭蛋和鸭子都广受乡邻好评。后来几年，惠阿仁的养鸭规模越来越大。他家也翻造了新屋，母子俩生活蒸蒸日上。特别在清明时期，农村家家户户腌鸭蛋，所以很多人都慕名上门来买他们家的鸭蛋。眼看生意红火，惠阿仁家门前的河上却没有桥，想要买蛋还要划船过来。于是惠阿仁就把房前屋后的几棵大树锯下作桥桩，又从街上买了四块长木板，在邻居们的帮助下，造了一座简易的木桥。对岸通安那边的村民,也常常过桥来这里买鸭子或者鸭蛋。惠阿仁为了方便行人,他把小船停靠在木桥旁。由于桥很窄,老人和小孩过桥时,惠阿仁就在船上保护他们过桥。于是大家都称这座桥为"鸭船桥"。

惠阿仁为人好,家里鸭蛋多,这个消息传到太湖游击队那边。新四军的养病员需要营养,于是他们就从太湖那边前来采购鸭蛋。后来惠阿仁知道了他们是新四军,是帮助百姓打击日本人的,就想不收他们的钱,可新四军坚决不同意。于是他们来采购鸭蛋时,惠阿仁就多送些鸭蛋和老鸭子给他们。一来二去,双方交情越来越深。新四军的领导深知惠阿仁出身穷苦,为人踏实忠厚,办事可靠,所以经过慎重考虑,派来联络员找惠阿仁,把革命道理一一讲给惠阿仁听。惠阿仁听罢,当即表示愿意帮助新四军秘密传递消息。

就这样，惠阿仁利用河上的放鸭机会，到童家桥浜、金墅等地，帮助新四军做了不少事。可他的频繁活动引起了日寇的注意。他们时常到鸭船桥来观察惠阿仁的动静，有时深夜去他家中敲门。见惠阿仁不在就问他母亲：你儿子到哪里去了？他母亲爽快地回答：儿子长大了，他到哪里玩，做母亲的管不着。又有一次深夜，惠阿仁从外面联络完同志回来，刚想叫母亲开门，突然从屋后蹿出来三四个人，不问三七二十一，就把惠阿仁按牢，一顿拳脚，然后问他：你今天晚上到什么地方去了？惠阿仁假装没事地说：今天通安那里，有个人给我介绍一个寡妇，叫我看看，所以回家晚了。惠阿仁知道他们没有把柄，只是怀疑，所以信口胡编了一通。

果然，几个汉奸见问不出破绽，悻悻离开了。

可是没有不透风的墙，日寇和汉奸对每每深夜活动的惠阿仁越来越怀疑。他们想方设法要限制惠阿仁的行动，就动起邪念。一天夜里，趁着月黑风高，汉奸们用汽油浇在船和桥上，放火烧掉了惠阿仁的小木桥和鸭船。等惠阿仁凌晨从外地回来时，桥和船早已无法使用了。当时已过霜降，惠阿仁走到河边一摸河水，觉得水很凉，但还不刺骨，为防止天亮被日寇发现他一夜未归，他脱下上衣，一手高举衣服，从水中游回了家。由于他赶路跑得快，满身大汗，一下河中寒气入侵，惠阿仁从此一病不起。在那个时代，缺医少药，不满一个月，他就病故了。新四军知道后，很多战士都哭了起来，暗暗发誓要为他报仇。

多少年过去,"鸭船桥"被敌人毁掉了,惠阿仁被病魔夺去了生命,但"鸭船桥"的地名还牢记在人们的心中。

口述人:唐小祥

雨端桥

望亭镇南河港中段偏西有一座桥，原名叫"两瑞桥"，可后来却被误读叫成"雨端桥"。这是怎么个事呢？

相传在北宋时，北方有一户姓郑的人家。户主叫郑积德，原是个皮匠。他养了五个儿子，原来家境殷实，可五个孩子都不争气，饶他郑积德平时省吃俭用，可孩子们成天挥霍浪费，特别是分家以后，老父亲创下的家业，不经几年就几乎被败个精光，最后瓦房也被拆掉还赌债了。老母亲就这样被他们活活气死了。郑积德看到自己创下的家业，最后是这样的结果，懊悔得很。眼看儿子们是指望不上了，郑积德看中了大儿子家的一个六岁的儿子郑启蒙,这孩子长得眉清目秀,于是他决定带这个孙儿一起重新开始新的生活。他把想法告诉了长子。长子这时自顾不暇,躲债还来不及,哪里管得了老子和儿子,就同意了。

于是郑积德带着孙子,靠着仅有的私蓄,一路向南,来到了望亭南河港中段。他在附近租了一间房子,操起旧业,靠给当地的居民制作皮具为生。为了管好孙子,郑积德就把郑启蒙送进了私塾。开始时,孩子玩惯了,读书并不上心。郑积德一看急了,心想如果这个孙儿再培养不好,那么郑家就彻底完蛋了。于是他就去求私塾先生张本清,把自己家的事情都告诉了张先生。张先生闻言,也感慨系之。第二天,他没有教郑启蒙读《三字经》,而是给他讲了一个"寒号鸟"的故事。

他说：传说从前在南阳山有一种奇怪的小鸟，名叫寒号鸟。这只小鸟有四只脚，它只会走路，不会飞翔。夏天是寒号鸟最快乐的日子，它全身长着美丽的羽毛，鲜艳夺目，满山百鸟都羡慕它。所以寒号鸟经常得意扬扬，到处寻找其他的鸟比美。其他的鸟劝它学飞，它觉得太苦了；劝它积粮造窝，它还是觉得太苦了。它一边抖动全身的羽毛，一边大声唱着歌："凤凰不如我，凤凰不如我……"秋去冬来，寒风呼啸，雪花飘舞，别的鸟儿都换上厚厚的羽毛防冻，迎接寒冬的到来，而寒号鸟与其他鸟不同，一到冬天，它全身美丽的羽毛都脱落精光。晚上，全身光秃秃的寒号鸟，只能躲藏到山的石缝中避寒。凛冽的寒风不断袭来，这时它全身哆嗦，嘴里不断喊着："好冷啊！好冷啊,我明天一定做个窝。"但寒风一过,太阳出来了,温暖的阳光照耀着大地,这时的寒号鸟却又忘掉了昨天的寒冷。时间一天一天过去了,到了腊月,连续下了几夜大雪,冰天雪地,寒号鸟再也找不到食物,也没有窝,最后冻死在雪地里了。

张先生又说:你们家也是一样啊,你爷爷辛辛苦苦把你爸爸拉扯大,可你爸爸和几个叔叔都像寒号鸟一样,只顾眼前快活,落得现在这样的结果。你想要将来也像他们一样,也做寒号鸟吗?

郑启蒙听了,不禁泪流满面,从此他奋发图强,认真读书,和爷爷相依为命。经十多年的寒窗苦读,他终于考上了进士,被派往江西某地任知县。因为顺路,于是他决定回到望亭生活过的地方来看看。听说这里的农田麦穗出现一株九穗,池塘里的莲花也开出了并蒂莲,大家都说这是双重祥瑞。于是他决定助银,在望亭家门口的这条河港上造座石桥,既是便民,也是纪念祥瑞,桥名就叫"两瑞桥"。没几年,桥造好了,虽然郑启蒙远在异地为官,可是他听说桥已造好,还专门写了一篇碑文,请人带到望亭,勒石以记其造桥之缘由。

到了清朝,乾隆皇帝下江南,他乘轿路过此地。由于前几天下过雨,桥板边上的字被泥水遮住了笔脚。乾隆看了一眼,随口读道:雨端桥。皇上身边的文官马上用笔记下"雨端桥"三个大字。

地方小官明知皇帝读了别字,也不敢争辩。乾隆走后,他们更是索性把桥名铲掉,新刻上了"雨端桥"几个字,还见人就讲:"皇上有令,南河港上那座石桥,叫'雨端桥',大家不要说错了!"从此,这座桥再也不叫"两瑞桥"了。

       口述人:郑民德、柳国平

廖字圩

在望亭镇牡丹村青墩浜和铁匠浜的浜南，大丁家桥的桥北，有一个鲜为人知的地方叫"廖字圩"。关于这个地名的由来，还有一则故事呢。

传说原来这里地势非常低洼，年年遭受涝灾。后来从北方来了一户姓廖的人家在此居住。老夫妻克勤克俭，日夜挖泥作圩，把房屋和田地围起来，并且开垦荒地种植庄稼，养禽养畜，终于将这块不毛之地改造成了良田。他们家有两个儿子，老大名叫廖进，老二名叫廖兴。二人不爱读书，却喜欢舞剑使枪，为此他们的老母亲不知劝了多少次，可他们只当耳边风。

后来他们的父亲去世了，兄弟俩就和

母亲一起生活。可是两人力气虽大,却不爱下田;年纪虽轻,却不讲礼貌。母亲年纪大了,下不了地。就这样,父母亲辛辛苦苦改造出来的良田被他们荒废了。一次,眼看家里快没米了,老母亲就叫兄弟两人去太湖边捕鱼捉虾,这样餐桌上既有了充饥之物,多的鱼虾还可以换粮食。

  两人不情不愿,走到了太湖边。看到有一户豪宅,大门敞开。兄弟两人交换了眼色,觉得有利可图,就蹑手蹑脚走进门去,想要顺点什么东西。这时一位扫地的老太发现了他们,厉声问道:"你们是谁,怎么不打招呼就进来了?"说着就要来赶他们。兄弟俩也是火气上来了,就和老太推搡起来。老太哪里是他们的对手,一下子就摔倒在地。兄弟俩以为老太装样子,可用脚踢踢老太,也不见动,再蹲下一探，已经没有了鼻息。两人情知不对，急忙去那家的厨房里装了两麻袋大米，逃回家里。

到了傍晚，那家主人回来了。见到大门洞开，老太身体已经凉了，急忙喊来乡邻。可是谁也不知道发生了什么。再说廖进、廖兴回到家，母亲见他们神色慌张，没有带回鱼虾，却用两只陌生的袋子装了米回来。知子莫若母，她再三逼问，兄弟两人终于说了实情。老母亲闻言，如五雷轰顶。三个人都茫然无措。

第二天，太湖边闹出人命的消息传到了这里。眼看纸包不住火，待在这里，早晚有被查出的一天。兄弟两人对老母亲说：母亲，都是我们平时不听您的话才有现在的祸事。事到如今，我们好汉做事好汉当，情愿去人家家里自首。要是人家不愿意,我们就去抵命;要是人家愿意,我们就痛改前非,给人家当牛做马。

后来怎么样了呢?有人说是老大被送官了,老二去投军了;有人说是两人都没被送官,而是得到了主人家的原谅,在那里做了长工,后来还结婚生子了。但共同之处是这里再也没有廖姓的人居住了,只留下一个"廖字圩"的地名存在至今。

口述人:殷桂根

长洲苑

长洲苑是望亭很早就有的一处名胜，到了明代的时候，传说吴中四才子还来过这里呢。

有一天，祝允明、唐寅、文徵明和徐祯卿四人一起聚会，说起苏州哪里还有好玩又有文化的所在。结果祝允明、文徵明、徐祯卿各说了几处，都有其他人说已经去过了。这时唐寅道：众位听说过长洲苑吗？历史上汉朝的班固、三国的陈寿、南朝的庾肩吾等人，他们都去过或者提到过这里。唐宋两代提到这里的诗词更是多了去了……众人听了，齐声道：那我们也去看看吧。唐寅道：可是现在那里已经荒败了。祝允明道：那怕啥？就算有遗址，

长洲苑

在那里遥想当年吴王同西施畅游的情景，也是很有意思的嘛。文徵明、徐祯卿也道：我们还可以去看看御亭、驿站，找个地方猜猜谜、吟吟诗呢。于是四人商量，次日动身，一起去望亭长洲苑。

到了第二天一早，众人准时来到码头。在吊桥边找了一艘小船，有人带琴，有人带棋，有人带酒菜，有人带纸笔，一路上说说笑笑，诗酒琴棋，向着望亭而去。

到了望亭，他们到处打听长洲苑的所在，可是真找到了的时候，却发现这里已经变成农民的稻田、水渠了。怅惘之余，四人决定遥想一下过去，创作一幅古代长洲苑的画作。据说这幅画卷很长，光是里面的人物就有吴王、西施、伍子胥、孙武，还有来此作为人质的勾践、范蠡等，画中亭台楼阁美不胜收，珍禽异兽数不胜数。众人兴起，还在上面题了诗，感慨白云苍狗，战火无情。特别是唐寅，一下子写了两首。

他们创作的画卷，引来了望亭很多的乡亲观看。大家越看越喜欢，无不啧啧称赞。都邀请四才子在望亭多住几天。唐寅他们盛情难却，只得住在了望亭。

四才子来望亭作画的消息也传到了当地恶绅杨老爷的耳朵了。他听说后，第二天就派了家丁前去，想要买画。可是四才子听说他的恶名，并不希望把画给他。奈何家丁人多，争抢之余，画卷落地，长长的卷子自己展开了。众人定睛一看，发现哪里还有什么人物、鸟兽，只剩下几处荒草了。这是怎么回事呢？有人说，这是因为四才子的本事太好了，他们的画栩栩如生，有了灵气。上面的人物到了晚上，自己能行走；鸟兽呢，自己能飞天或者钻穴；至于上面的题诗，更是为画中的吴王所钟爱，他命人把题诗割下，索性连同亭台楼阁一起带走啦。

但是唐寅的诗写得太好了，虽然画上的题诗再也找不到了，可是前一日观画的百姓们还是把它抄录了下来，流传至今：

其一

长洲苑内饶春色，泼黛峦光翠如湿。
银鞍玉勒斗香尘，多少游人此中集。
薄暮山池风日和，燕儿学舞莺歌调。
当年胜事空陈迹，至今遗恨流沧波。

其二

茂苑芳菲集丽人，牙盘饾饤簇厨珍。
轹弦护索仙音合，收手摇头酒令新。

白日不消头上雪,黄金难铸镜中身。
劝君随分须欢笑,是笑从来胜似颦。

     口述人:钱世德

观鸡桥

传说春秋时期,吴王和西施经常到望亭的长洲苑来休憩玩乐。

吴王、西施和宫女们一到这里,顿时感到不同于宫闱的门禁森严、死气沉沉,这里到处都有着自然之趣。栏中养的小鹿见到西施,也忘了害羞,会上前和她亲昵。这里有许许多多宫里看不到的花花草草,而且比宫中花草更香更美。晚上,吴王和西施玩累了,就在这里安歇。

这一天,天还未亮,突然附近传来了"喔喔喔"的鸣叫声,惊醒了吴王和西施。他们在宫中从来没有听过这样动听而响亮的鸟叫声。两人来不及披上外衣,就急急忙忙赶往声音传来的地方去看个究竟。两人蹑手蹑脚,生怕惊飞了神鸟。这时天逐渐转白,只见一棵柳树上躲着一只头像公鸡、脚爪金黄、尾巴羽毛很长的神鸟。微风一吹,它五颜六色的羽毛随风飘动,吴王和西施看得眼花缭乱。那鸟儿见人来了,又开始伸起脖子大声"喔喔"啼叫,然后振翅高飞,不一会儿就消失在天际。随着鸟儿腾空,东方云彩变红,不多时满天彩霞,照得长洲苑处处美不胜收。看得西施拍手叫好,激动地问吴王:大王,我们在天堂还是在人间呀?吴王道:爱姬,我们当然在人间啦!西施笑道:是吗?人人都说天堂美,我看这里的人间比天堂还要美呢!

  为了能继续看到神鸟,又不至于把鸟惊飞,所以吴王命人在神鸟栖息的那棵树东面造了一座桥,叫"观鸡桥"。他命令宫人们要观神鸟不能过桥，在桥堍还派兵把守。

后来，虽然吴王不在了，但是历代的文人们却都爱来此寻访长洲苑和观鸡桥，留下了大量的诗文。例如汉朝的班固在《汉书》中就有记载："修治上林，杂以离宫，积聚玩好，圈守禽兽，不如长洲之苑；游曲台，临上路，不如朝夕之池。"

口述人：周云飞

大丁家桥与小丁家桥

望亭有一条著名的河港名叫"牡丹港",这条河港上有十多座桥,传说最古老的石桥是"丁家桥"。

桥旁居住着一户姓丁的富户叫丁胜祥,他有两个儿子和五个女儿。大儿子叫丁富来,小儿子叫丁福来。富来和福来很听父亲的话,父亲丁胜祥说东,两个儿子不往西。丁胜祥为了管理田地方便,在河上造了一座桥,名为"丁家桥"。后来丁胜祥的两个儿子都结婚成了家。大儿媳妇叫陆巧玲,原是附近一家姓陆人家的闺女,人长得漂亮,做事干练,说一不二。二儿媳妇叫张秀凤,原来是大户人家的孩子,从小就没吃过苦。听说丁家有房有地，丁胜祥为人和气，陆、张两家就同意把女儿嫁了过来。儿子、儿媳妇都挺恩爱。但好景不长，那陆巧玲生活喜欢精打细算，每天吃剩的冷粥冷饭从来没有倒掉一粒米。她向全家提出：每天吃粥或吃饭，必须把隔夜的饭菜先吃掉之后，方可以吃当天烧出来的饭菜。可是做饭烧菜的也是她，她往往控制不好饭菜的量，基本上每顿都会不是烧多就是烧少。烧少了还好说，最怕她烧多了。到了夏天，隔夜的饭和菜很容易变质了，可是有了馊味，她也要叫大家把这些剩菜剩饭吃掉。丁胜祥和老婆勤俭惯了，带头吃剩菜剩饭，倒也无妨。可二儿媳妇张秀凤哪吃过这种东西啊？她就偷偷地把隔夜的饭菜倒掉。时间一长，就被陆巧玲发现了。一次又烧多了，陆巧玲便开始暗中注意张秀凤的一举一动。果然,张秀凤宁可饿肚子也不愿意吃这带着馊味的食物,她趁无人就去屋后把这剩菜剩饭倒了。谁知却被尾随的陆巧玲当场捉牢。这一下闹翻了天,两个媳妇开始争吵,谁也不肯相让,越吵越凶,最后动起手来。丁胜祥听到吵声,赶忙过来劝架。陆巧玲道:"公公您来评评理,我让大家勤俭节约,省下的钱不还是为了大家好嘛!"张秀凤边哭边说:"公公你也知道,我身体不好,平时吃不馊的食物还可能拉肚子,现在她逼着我吃这样的剩菜剩饭,不等于盼着我生病吗?"丁胜祥觉得这样长久下去也不是办法,最后同老伴商量决定,为防止矛盾越来越大,就让两个儿子分家。

丁胜祥在桥南造一座房,让小儿子丁福来搬到新屋住。为了今后两儿子家减少摩擦，就在东首离四河口不到又造一座简易的小桥。丁福来和张秀凤过着自由的生活，再也没有和大哥家发生矛盾。丁福来家门前的桥原本没有桥名，后来大家提议说，福来是丁胜祥的小儿子，所以这座桥就叫"小丁家桥"，原来丁家桥就叫"大丁家桥"。

又过了很长时间，到了明代，大丁家桥那里的丁氏子孙，因为遇上旱灾，颗粒无收，加之瘟疫流行，人口不是病故就是逃往外地了。只剩下小丁家桥附近的丁氏子孙还在那里一直繁衍生息，直到现在。

口述人：尤木香

梅家桥

古时候,望亭田都里西部有一条老申基浜,这条浜上住着一户叫尤利润的富户。他家拥有六十多亩田,十多间房屋。尤利润有五个儿子,皆长大成家了。只有唯一的女儿叫尤秀琴,十八岁了,还没嫁人。

尤利润喜欢"东讲阳山西讲海"。一次和长工们喝得开心时,他说:"我要在东面的一条河上造一座桥,让大家少走远路。"可是到了酒醒过后,他昨晚讲过的话全都忘记了。

到了夏天,有人托媒婆上门说亲了。对方是开办油坊和豆腐坊的,小伙子人品也好。尤利润和老婆商量了,觉得挺不错的，就去和女儿说。尤秀琴听了却一言不发，只是摇头。尤利润以为女儿不肯嫁人，便道："女儿啊，你年纪也不小了，总归要嫁人的。我问过了，男家是开油坊和豆腐坊的，人家都说'家有两坊，家境不荒'，你放心吧，嫁过去你不会吃苦的。"可是女儿依旧不说话。还是母亲知道女儿的脾气，于是好言好语道："女儿你有什么要求，只管说吧。"尤秀琴遂道："父亲，你对我一切都好，但是你平时喜欢喝酒吹牛。你还记得吗？你说过要造一座桥的，可是酒醒了你又不承认了。"这时，站在一旁劝妹妹的几个哥哥闻言，也道："父亲啊，妹妹说得有道理。自从你说过造桥的话之后，乡亲们都盼着你兑现诺言呢。如今妹妹要嫁人了，我们门前有河，如果还是靠船把妹妹嫁出去，乡亲们肯定要说闲话的。要不我们一起出钱,共同来造一座桥吧。"尤利润听了大家的一番话,如梦初醒,连连点头:"是我错了,我说话要算数。我明天就去请造桥师傅来,好不好?"大家听了尤利润的话,都笑起来了。

第二天一早,尤利润就派人去通知媒婆,他的几个儿子就去找造桥的师傅陈长大。陈长大听说尤家要造桥,当天就拿了竹棒,跟随兄弟几个去丈量河面。他通过测量,大概估算了一下,说道:"大家放心,不出三个月,我保证你们妹妹能从新桥上走过。"

果然,新桥如期落成了。没几天,从毛柴湾来尤家的迎亲队伍吹吹打打也来了。处处鞭炮声响,热闹非凡,邻近人家来看热闹的人不少。娶亲乐队的吹打手,第一次走过新桥,领头的就问尤家:听说这座新桥是你们造的,这桥叫什么呀?尤秀琴的长兄道:造这座桥方便大家,是父亲和我们兄弟几个的心愿。如今新桥落成,妹妹又从这桥上出嫁。我看就叫"妹嫁桥"吧!

从此,大家就把此桥称为"妹嫁桥"了,后来时间长了,以讹传讹,桥名就变成了"梅家桥"。

口述人:钱文元

牛头墩与仁巷港

望亭镇西南的太湖村,有一条叫仁巷港的小河。仁巷港与上潘浜交汇处有一个土墩,这个土墩形状好似牛头露出水面,所以大家把它叫作"牛头墩"。当地百姓在牛头墩上种南瓜、山芋等农作物。关于这样一个土墩,有着多种传说故事。这里就讲其中的一个故事。

传说,天堂像人间一样养着各种动物,有的动物供神仙食用,有的动物供神仙当坐骑,也有的动物供神仙玩耍。有的动物很安分守己,但也有的动物不听话,神仙稍不注意,它们就会逃离天堂到人间来。

有一天,一只穿山甲感到在天堂中很

不舒服、不自由,便趁着天神有事外出,偷偷摸摸溜出天庭直奔人间。到了人间它到处乱窜,肆意践踏庄稼,还到村里把小孩吓得大哭大叫,弄得到处人心惶惶。

天神回来后发现少了一只穿山甲,找遍整个天庭都没有找到。后来二郎神杨戬拨开云雾,只见人间到处乱糟糟的,人们四处在躲避那只穿山甲。于是天神将穿山甲思凡下界之事向玉皇禀报。玉帝闻言大怒,即刻发令,派遣天兵天将前往捉拿穿山甲。

这时人间突然狂风大作,天昏地暗,紧接着倾盆大雨从天而降。穿山甲料到天庭已发现自己逃到人间作乱,天兵天将要将自己捉拿,于是便慌不择路到处乱窜。天兵天将一时无法将它擒住。这时观音娘娘刚好路过,她不慌不忙拿出法宝往穿山甲逃跑的方向扔去。穿山甲一时无处躲藏,只得继续往前逃窜。当它逃到苏州西面,只觉眼前一黑,原来它被观音娘娘的法宝罩住了。穿山甲变成一座高山,这座山后来被称作南阳山(又名大阳山)。

　　穿山甲被压在山底下,眼前漆黑一团,一时动弹不得。可是穿山甲不甘心就这样被压在山下,还想拼命逃窜,但认不出方向,只能原地打转。穿山甲只觉得好似身在水中,水很冰凉,又不像其他河流那样可以在其中畅游。于是它不停地拼命乱钻乱拱,它所处的地方空间越来越大。它朝着一个方向不停地钻啊钻,拱啊拱,向前挺进,经过多年钻拱,终于拱出了一条地下河道。

　　穿山甲在地下河中逍遥自在地游来游

去，觉得很开心，但它始终没忘记要钻出去获得自由。它继续用钻挖的功夫挺进，感到累了，就休息片刻，继续钻拱。一天它觉得头顶泥土很松软，便使尽力气一下一下往上拱。突然眼前一亮，阳光射进洞里，地下河水拼命往上涌。它知道终于成功了，可以逃生了。穿山甲从洞口成功出逃，洞口就是现在仁巷港和上潘浜的交汇处。

它钻出洞口，往四周一望，西面就是浩浩荡荡的太湖，它就往太湖方向游去。它饿极了，一边游，一边见什么吃什么，小鱼大鱼、小虾大蟹，它吃了个够。有些鱼看到穿山甲来了，拼命往水草多的地方躲藏。穿山甲游到太湖当中，抬头向天仰望，得意地说：玉帝啊玉帝，你们以为把我压在山下，就万事大吉了，但今天我又自由啦。太湖好大，水中鱼儿又多，在这里永远不会饿肚子了。哈哈！说完又沉到水下饱餐一顿。

穿山甲一出洞，那个洞里的泉水喷涌而出。几天下来，沿太湖一带都被大水淹没了。百姓四处逃难，求天拜神，惊动了玉帝。玉帝知道又是那个穿山甲逃出来闯祸了，于是召集众神商议，决定一定要将穿山甲捉拿严加看管，同时堵住出水口，否则太湖里鱼虾都要被穿山甲吃光，渔民无鱼可捕，将无法生存。农民也将因洪水围困，田园被大水淹没而流离失所。于是玉帝命令托塔李天王率领天兵天将下界捉拿穿山甲，命令观音娘娘派管牛的牧童把出水洞口赶紧堵住。

李天王得令，率领天兵天将，经过一番鏖战，活捉了穿山甲并将其押往天庭听候发落。观音娘娘身边的牧童跨上神牛，用手在牛背上拍了一下，神牛顿时四蹄腾空飞奔人间而去。由于神牛威力很大，瞬间地动山摇，天昏地暗，到处呼呼作响。爬在屋面和大树上的农民以及躲在渔船上的太湖渔民只见黑压压的，神牛从天而降，骑在神牛背上的牧童身穿红马甲，手牵缰绳，头顶上梳着一条小辫子。神牛飞到穿山甲钻出来的洞口，只听得轰隆一声巨响，神牛跳进了洞里。

不一会儿，天渐渐转晴，风慢慢停下，大水被堵住了。只见那牧童一跃而起，像箭一样向西方飞去。牧童手一松，一条缰绳掉了下来，变成了一条河道，当时人们都称这条河为"绳拉港"。

由于时代变迁，现在人们把"绳拉港"叫成了"仁巷港"。那个被神牛堵住的地方后来形成了一个土墩,人们称之为"牛头墩"。

口述人:周松元

钱家庄桥

清代,钱家在望亭东部地区特别是现在的华兴村一带是数一数二的大富户。家中房屋有几十间,农田有近百亩,长工有十多个。钱家还造了一座石桥,叫"钱家庄桥"。后来附近的那个村也被称为"钱家庄桥"。

后来,传说钱家出了个钱招财,他有两个老婆,生有五个儿子三个女儿。钱招财对儿女太宠爱,五个儿子个个不学无术,不务正业,家事不管不问,成天自由放荡,在外吃喝嫖赌。五个儿子虽然都成了家有了老婆,可是家父不管教,老婆无法管,常年在外惹是生非。小事天天有,大事三六九。闯了祸,伤了人,反正有钱招财去承担。

有一天,钱家五少爷带了随从去包兴镇上赌博。他开始运气很好,赢了不少银两。到后来其他三人知道他有钱,便联手对付他。老五口袋里的钱全部输光,连手指上的金戒指也输掉了。

这时立在五少爷旁边的随从发现另外三人在台底下调牌,就偷偷告诉了五少爷。五少爷听了,顿时火冒三丈站了起来,"哗"的一声把赌台掀了,接着一拳打在身旁那个外号叫"小瘪三"的人的右眼上。"小瘪三""啊"的一声跌倒在地,右眼鲜血直流,倒地不起。这个祸闹大了,赌场的人都说:"五少爷不该打人太狠。"于是一起带上"小瘪三"到钱家门上要讨个说法。

钱招财见大门外来了一大帮人,看到

五少爷跟在后面,知道儿子又闹事闯祸了。问清缘由后,钱老爷只得好说歹说打招呼,最后拿出三十两白银才把他们打发走。

钱招财养了五个儿子,却没有一个儿子登科,更没有招到财,反而是天天受罪。

常言道"坐吃山空",五个儿子没有钱去赌,就偷偷把家中田契一张一张押到赌桌上。今天输掉几亩,明天又输掉几亩,把家中田产输得所剩无几。后来又偷偷把粮仓打开,把粮库里稻谷、麦子卖掉后去赌博。这一切钱老爷全被蒙在鼓里。

外贼好防,家贼难防。家中粮食库存和田产越来越少,钱老爷却糊里糊涂一点儿不知。直到有一天太平军上门要粮食和银两时,钱老爷才发现粮仓里满仓粮食已不知去向，家中田契也没剩几张了。钱老爷这下才恍然大悟，他气得浑身发抖，拍着自己的脑袋哭着说："儿子呀，你们怎么不争气呀！我钱家被你们兄弟几个败光了呀！"

这时下人来报，后屋起火了，一定是太平军催不到粮食和银两，前来放火报复他们。

钱老爷这时不顾一切同家人长工一起奋力扑火。在邻居的帮助下，大火终于扑灭了，但十多间房子全部被烧毁，其他房屋也屋面洞穿，墙塌壁倒。好好的一个家从此败落。

这场火灾的起因应该是人祸，但那时人们却认为是天灾，认为钱家宅基是凶宅，于是撤宅向北、向东南搬迁。如今新埂村不少姓钱的人家和华兴村观音堂那里姓钱的人家都是从钱家庄桥那里搬迁出去的。

遭此变故以后,钱家人终于清醒了,从此走上了正道。钱家的后人,有的参加了革命,甚至壮烈牺牲在战场上;有的成为工程师、教师、医生、干部、企业家,在不同的战线和岗位上为人民做出了自己的贡献。

口述人:钱阿妹

汤家浜

在宋代,一代忠良、保国为民的大元帅岳飞率领岳家军奉命到太湖一带望亭地区清剿以杨虎为首的湖匪。岳家军英勇善战,威震四海,一举击败湖匪乱寇,并活捉了杨虎。

自从岳家军剿灭了杨虎以后,望亭一带社会安定,人民安居乐业,加之土地肥沃,年年风调雨顺、旱涝保收,吸引了众多的外乡人到望亭这块风水宝地来定居。岳家军的部分将士、家眷、亲属也留下定居在了望亭。其中岳飞的结义弟兄、名将汤怀的亲属就留下定居在望亭仁巷港南、董三横浜西的一条小河浜两岸。由于姓汤的居多,所以这里就被取名为"汤家浜"。

汤怀的亲属在这里种植稻麦、油菜，种桑养蚕，圈养禽畜，栽培各种花果。他们辛勤耕耘，家家丰衣足食，六畜兴旺，人人过上了幸福安定的生活。

昏庸的南宋朝廷被奸党秦桧、张俊掌控，他们千方百计将岳飞父子打入大牢。后来以莫须有的罪名将岳飞父子和部分岳家军将领杀害。

岳飞父子被冤杀以后，汤家知道奸党秦桧不会放过他们，天天提心吊胆，惶惶不可终日。

果然，奸臣秦桧知道岳家军部分将领的眷属和后人定居在太湖一带，为防止岳家军后人复仇，便派出私党到望亭一带搜查核实，决定将他们斩尽杀绝。

一天夜里，汤家浜的老百姓已进入梦乡，秦桧奸党带兵将汤家浜团团包围。他们商议决定用放火的方法把汤姓村民杀死。

好心人将消息通知给了汤家人，汤家人知道鸡蛋碰不过石头，只得带着随身物品和钱币等，扶老携幼，慌不择路摸黑逃离了汤家浜。

他们沿着仁巷港一直往东逃到大运河边。天亮之前，他们渡过大运河，分头往黄埭、浒关方向逃去，从此隐姓埋名，定居在黄埭、浒关一带农村。

汤姓人家被逼走了，秦桧就把自己的亲属和亲信安排到汤家浜定居，他们轻而易举地霸占了汤家的房产和田地。从此以后，汤家浜一直到现在再也没有姓汤的人家。望亭这里也就流传开了一句俗语："鹊巢鸠占汤家浜。"

口述人：尤万良

雀干桥

从前,望亭乡村每到傍晚都能听到"火烛小心,水缸满满,灶前清清"的敲更叫喊声。

望亭镇西的敲更人叫陆宝根。他从小就开始敲更,不管刮风下雨,天寒地冻,坚持敲更,于是人们不叫他陆宝根,而叫他"陆更声"。一听到他的敲更声,不管是大人还是小孩,知道陆更声又来了,于是都会跑到灶门前看一看,掀起水缸盖望一望,才放心去睡觉。因而望亭镇西的农村很长时间内都没发生过火灾。陆更声一直敲到头发白,走不动路为止。

陆更声家境贫寒,父亲有病在家不能干活,全靠母亲每天起早摸黑做蒲鞋和编

雀干桥

草鞋,由父亲逢"四啷"(集市)背到街上卖了维持生计。

陆更声从小就勤快懂事,他十分羡慕人家的孩子能上学读书,自己也一心想读书识字,无奈家境贫寒不能如愿。于是他在帮父母料理家务的同时,抽空经常到村西头一个大户人家窗外听老先生教小孩子读书识字。后来被老先生发现了,感到这个孩子好学有出息,就免费让他进去听课。

小更声十分珍惜这个学习机会。他人聪明,又非常刻苦认真。两年内,他学完了《百家姓》《千字文》《三字经》《论语》等课本,还练成了一手漂亮的毛笔字,更重要的是懂得了做人的道理。

小更声家到望亭集镇必须过一条河,河上没桥,每次上街过河只能坐菱桶摆渡到对岸，十分不方便。有一次小更声的父亲从街上卖完蒲鞋回家，乘菱桶过河时由于风大雨急，菱桶被风吹翻，小更声的父亲掉到河里，活活被淹死了。

父亲死后，乡亲们捐钱捐物，帮助小更声顺利地把父亲的后事办了。

自从失去了父亲，小更声好像长大了不少。他懂得了一个道理，人活着要多做好事、善事，要懂得知恩图报。他下决心长大后一定要报答乡亲们对自家的关怀照顾之情。因此，他一直坚持义务为乡亲们打更报平安。

小更声知道是河上没有桥，才造成父亲的不幸身亡。自从父亲去世以后，他一直为乡亲们的出行担忧。陆更声长大以后，为了方便乡亲们安全出行，避免父亲的悲剧重演，决定在河上架一座便桥。

他把自己的想法和乡亲们商量以后,乡亲们都非常支持他。陆更声左思右想,画了草图,准备在河流最窄的地方造桥。

他把自己屋后的大树锯下,又把竹园粗壮的竹子砍下。树木打桩做桥基,竹子编成竹排做桥面。在乡邻们的帮助下,一座竹木便桥很快造好了。从此乡亲们过河上街再不用为乘菱桶而提心吊胆了。陆更声为大家造桥的善举受到乡亲们的称赞。

后人为了纪念陆更声,把他为乡亲们造的便桥起名叫"雀官桥"。因为"雀"就是麻雀的雀,是最小的鸟。陆更声为百姓敲更、造桥保平安,是为百姓服务的最小的"官",所以把桥取名"雀官桥"。后来被误称为"雀干桥"。

时代变迁,沧海桑田,雀官桥名代代

相传。后来桥坏了修，修了又坏，竹桥变石桥，石桥又变钢筋水泥桥，可陆更声为民造桥的故事却永远流传在人民心中。

口述人：朱福男

唐家桥

在元末，长洲县西六都下八图一条河浜上有吴姓和吕姓的几户人家居住。当时朝廷统治残酷，皇帝荒淫无道，天下百姓怨声载道，各路英雄揭竿而起，准备推翻元朝统治。

有一年，常遇春到这里招兵买马。常遇春是朱元璋部下的一名勇将，"常遇春马跳围墙"的故事更是闻名天下。"常遇春"三个字吸引了众多年轻人纷纷前来应征。

这个村上有一位名叫吕三春的青年，平时喜爱练武，刀枪剑戟样样精通。他满怀信心来到招兵点报名。但他忽然想起，要报名应该同青梅竹马的吴香静打个招呼。于是吕三春掉头往回走。还没有走多远,就看见迎面而来的吴香静。一问才知道,她也是慕名而来报名应征的。

听说吴香静也去报名应征,吕三春哈哈大笑,说道:当兵应征是男人的事,兵荒马乱的,哪有姑娘家报名当兵的?他们是不会收的。吴香静不服气地说:古有花木兰替父从军,为什么我就不能呢?可结果果然被吕三春说中了。村上几名青年都报上了名,吴香静却没能报上名。

吕三春他们要出发了,吴香静拿了一双新做的鞋子前来给吕三春送行。吕三春接过鞋子,在同伴的催促下和吴香静依依惜别。

吕三春和他一起投军的伙伴们来到新兵集训营,练习使刀使枪、摸爬滚打和骑马格斗。由于吕三春有很好的武功基础,所以经常在众人面前做示范,在比武中赢得全军一片喝彩。他的马上功夫非常出色,上马时他像飞燕一样一跃至马背上,上马下马动作迅速,看得大家不住地拍手叫好。

三个月训练即将结束,常遇春大将军登台观看全军大比武。他最欣赏吕三春,对吕三春连连夸奖。

训练结束后,吕三春和战友们接连参加了江苏宜兴、安徽黄山和安庆三场大战,场场取得大胜,他们所在的队伍击败敌军数十万。吕三春功不可没,他先后刺杀五个元军主要将领,活捉了元军一个副统帅。常遇春率领大军回到镇江大本营休整待命。为激励将士,他开了庆功会,嘉奖了一批有功人员。吕三春战功第一,连获三次奖赏,被提升为常遇春手下的第一副将。

　　自从吕三春投军之后，吴香静心中一直放不下吕三春。一天，吴香静上街听到常遇春统帅大军在镇江一带休整待命，她连忙赶做了几双鞋子，去镇江探望吕三春。她租了马车前往镇江，经人指点到了镇江长江边，找到部队驻地。只见江中帆樯如林，大小舰船排满了码头。陆上大军整齐，方队前战旗飘飘。每个方队前都有骑马的统帅威武站立。此时吕三春骑在马上刚好看到吴香静，等到训练结束，他忙找到吴香静，问道："香静，你怎么来了？一路上辛苦了吧？"吴香静听到吕三春这么说，顿时热泪盈眶。她把吕三春从头一直看到脚，发现吕三春长高了，也更挺拔潇洒了。两人并肩而行，各自叙说着分别几年的经历。吴香静听到吕三春被提升为常遇春副将后,心里激动万分。

兵营不可久留,第二天,吴香静要回家乡了。吕三春就把立功受赏的银两交给吴香静带回家,并请吴香静转告父母,自己一切安好,请父母放心。两人难分难舍,含泪告别。

吴香静走后,吕三春接到旗牌兵通报:常遇春要他到帅府议事。吕三春一进府,看到常遇春身旁站着一位美貌小姐,桌上放着各式茶点。

常遇春招呼吕三春坐下边吃边谈。他告诉吕三春,那个小姐是自己的妹妹,名叫常三秋,刚满十八岁,跟随自己多年了。她人聪明伶俐,而且武艺高强。今天请吕三春到府上来,是她妹妹常三秋看上他了。等到常三秋退到后堂,常遇春见吕三春不开口,就又说道:我知道你已经有心上人了,但你们还没有拜堂成亲,还不是夫妻。我妹妹三秋看上你,是你的福分。全军这么多人才,她就选中你,说明我妹妹眼力不差,这是你们的缘分,也是你的运气好。你的前途无量,千万别失去这样的好机会。

吕三春非常为难,旁人都说:三秋配三春,门当户对。可是吕三春却从此闷闷不乐、寡言少语。他心中不忘吴香静,可他知道常家这门亲事很难拒绝,于是几个晚上都失眠了。

正在吕三春苦恼时,忽然来了命令,要部队马上集结,开赴苏北盐城战场。

一到盐城,元军就来挑战。常遇春派吕三春应战。不到三个回合,敌将就被吕三春挑下马。元军又派出第二位大将出场。由于吕三春近阶段心事重重,精神不集中，几个回合后，终于被敌将一枪刺下马。常遇春派人夺回三春尸体，并马上鸣金收兵。

吕三春牺牲以后，全军官兵同仇敌忾，化悲痛为力量，一举歼灭了盐城一带的元军，并收复了盐城四周的失地。常遇春一鼓作气，将山东、安徽、河南各省主要城市全部攻下，为大明皇朝的建立奠定了基础。

战争一结束，常遇春便派人把吕三春的遗物和抚恤金送到吕三春家。吴香静得知吕三春战死的消息后，顿时昏厥过去，好半天才苏醒过来。

为了不忘吕三春的一片深情，吴香静下决心今生不再嫁人。她把吕三春送给她的首饰变卖掉，在自家门前河浜的东首造了一座五开间二厢房的庵堂，还在院中栽

了三棵银杏树,并用多余的银两在庵旁造了一座石板桥。由于此桥系庵堂主人所造,人们就叫此桥为"堂家桥"。

几百年过去了,后人把"堂家桥"写成了"唐家桥"。可是吴香静造庵建桥的故事一直流传至今。

          口述人:朱福男

董三横浜

望亭迎湖村一组有条南北向的小河浜叫"董三横浜",自然村以浜为名,也叫"董三横浜"。

董三横浜在宋代就闻名四方,方圆数十里人人皆知。为什么小小的一条河浜会如此出名?

故事要追溯到北宋时期。当时董三横浜既不是村名,又不是河浜名。董三是一个人的姓名;"横浜"是望亭方言,一个人蛮横不讲理,做事凶狠霸道,像这种人,在望亭就被大家称为"横浜"。

在仁巷港上浪浒桥南、汤家浜西有条小河浜,浜长约三百米,宽约八米。在小浜西侧中段,住着一董姓富户,主人名叫

董岐山。董家有良田三百多亩，房屋四十多间，雇有家丁和长工三十多名。董岐山有三个老婆、三个儿子、四个千金。长子叫董大，次子叫董二，三子叫董三。

董三从小娇生惯养，长大后好逸恶劳，吃喝嫖赌，样样占全。他人高马大，练就一身好功夫，成天带着家丁在外寻欢作乐，欺压百姓。

他家有四个家丁：第一个外号叫"土行孙"，人长得瘦小灵活。董三外出，横行霸道，"土行孙"拨开人群，为主子开路。谁要不肯让路，他伸手就噼噼啪啪对路人大打出手，打得路人鼻青眼肿，敢怒而不敢言。第二个外号叫"土八戒"，长得像猪猡，肥头胖耳。他袒胸露背，走起路来摇摇晃晃，看见年轻姑娘就伸手东摸西摸，专想揩油占便宜。第三个绰号叫

"土山甲",长得头顶尖尖,龇牙咧嘴,凶相逼人。他个子不高,流氓成性,专门喜欢在公众场合猥亵妇女。第四个叫吴文星,看上去文质彬彬,但他专为董三出坏点子,大家都称他"狗头军师"。

四个家丁跟随董三,狐假虎威,有事当保镖,闹事做帮凶。每逢地方庙会和赶集,他们总要去闹事闯祸,搞得地方上鸡犬不宁,年轻姑娘不敢出门。村民家中婚丧喜事,害怕董三前来闹事,都要预先准备好烟酒相待。稍有不慎,董三便大打出手。

一年初冬,南河港北岸一户姓周的人家儿子结婚办喜事。下午鞭炮声声,刚娶回新娘,便见董三带着四个帮凶大摇大摆一路走来。周家主人得悉后一面吩咐厨房准备酒席,一面自己上前敬烟迎接。董三五人走进客厅,厨子马上摆好酒席,招待他们入座。

当结婚典礼结束,新郎新娘刚送入洞房,董三他们也酒足饭饱。这时董三嘴里嚷嚷道:新娘在哪里?新娘漂亮吗?我要看看。边说边往新房里闯。董三闯进新房,两个家丁把住房门,不准其他人进出。董三趁着酒兴,拉下新娘红盖头,两只手在新娘身上乱摸,还要和新娘亲嘴。新娘只能东躲西藏,大叫救命,结果还是惨遭董三奸污,最后含恨上吊自尽。

新娘自尽后,董三及打手眼看出了人命,便仓皇出逃。新郎官像疯了一样上前要同董三拼命,但寡不敌众,被董三家丁拳打脚踢,活活打死在路上。

周家的亲戚朋友看到新郎新娘无缘无故被董三那伙地痞流氓害死了,个个义愤填膺,拿起锄头、扁担等工具赶到董家去拼命。可村民们哪是董家的对手,结果大败而归。

从此以后,人们便把董三叫作"董三横浜"。

是年腊月,董三家往西两百多米的汤家浜上一户姓汤的农户,正在操办新生小孩的满月酒。吃中饭之前,按当地风俗要挨家挨户送面。帮忙的人手托长盘,每家送两碗面,面上有红烧肉和油爆虾的浇头。

送面路上,送面人被董三那伙人撞倒了,面碗被撞翻在地。"土行孙"硬说脚被烫伤了,不能走路,要讨个说法。他们不分青红皂白,围住送面人抡起拳头就打,打得送面人倒在地上不能动弹。可他们还不罢休,继续用脚乱踩乱踏,直到把人打得七孔流血而死，然后像无事一样扬长而去。

第二年春天，董三又带着四个家丁准备去太湖边上玩耍。这时迎面来了送葬队伍。有八个大汉抬着棺材，一路吹吹打打。送葬队伍过溪桥向南而来。

那个狗头军师吴文星，一看连忙说："董三少爷倒霉了，倒霉了，晦气，晦气，三少爷今天出门，怎么遇上送葬队伍？不吉利，赶紧叫他们往后退。"

丧主说："你们过路人应该避让送葬人，怎么叫我们往后退？这是没有道理的。"于是抬棺人没有理他们，只管往前走。

这下惹怒了董三这伙人，狗头军师吴文星蛮横地说："我们董三少爷出门，叫你们往后退，你们就得往后退，不退也得退。你们不要敬酒不吃吃罚酒。""土行孙""土山甲"个个摩拳擦掌,准备动手。

"土八戒"仗着力气大,按着棺材头拼命往后推。丧主知道董三这伙人惹不得,还是不吃眼前亏,就让抬棺人往后退。当他们退到桥堍西时,冷不防那个"土八戒"钻到棺材底下,用力一拱,一个抬棺人和棺材一起翻到河里。这下闹翻天了,送丧人与董三他们打了起来。有个抬棺人一杠棒把"土行孙"打倒在地,"土行孙"头破血流,一命呜呼。

消息传到董三家中,董岐山一听家丁被打死了,于是率领全部家丁冲到送葬人家中,见人就打,见东西就砸,临走时,放火烧了人家的房屋。

这场斗殴惊动了望亭一带四邻八乡,大家都在议论无法无天的董三。消息传到苏州知府范仲淹的差人张仪的耳朵里。张仪就把望亭董家的恶行一一向范仲淹大人进行了汇报。范仲淹当即决定带着人马奔赴望亭审理董三案件。

为便于百姓告状,范仲淹把办案地点设在迎湖禅院内。范仲淹一到望亭,便将董家一干人等控制住,并贴出安民告示。凡被董家侵占田地、损坏房产、害命凌辱者,受害人皆可带上人证、物证前来告状。百姓们看到这个好消息,知道董家在望亭的保护伞不管用了,人人高兴,个个拍手称快。

几天来,范仲淹日夜操劳,把董三家所犯的案子一一审理完毕。欠债还钱,杀人偿命,天经地义。董家霸占的房产、田地,全部被判退还给受害人;董家损坏、烧毁的财产,全部被责令作价赔偿。鉴于董氏父子、家丁身负数条人命，包括董三在内，董家共有多人被范仲淹押回苏州，经审理，最后均被斩。恶人受到应有的惩罚，范仲淹为地方除去一个祸害。可是"董三横浜"却成了那条浜和那个村的名字。浜上其他董姓村民为了避免与董三有牵连，陆续举家迁移到南河港南或其他地方，现在的董三横浜早已没有一户姓董的人家了。

口述人：尤万良

孙厅上

原望亭华兴村一带,有一个非常有名的自然村叫孙家大宅,人们习惯叫它"孙厅上"。而今再也看不到孙家大宅院的踪影了,但"孙厅上"的名称却依旧留存。

传说在清朝雍正年间,孙家大宅院住着一户姓孙的大富户,户主叫孙先君。孙家家财万贯,有良田数百亩,房屋近百间,大小院子九个,分三进布局。中间的房屋最豪华,内有"龙椅",孙先君最喜欢坐在上面发号施令。他刻薄寡恩,有的下人在孙家干了一年活,做错几件事,就只能白干一年。

孙家主人外出时,总是前呼后拥,前头家丁开道,高举行牌,行人必须避让,如有不让者，家丁就会拳打脚踢。孙家进庙烧香，人们必须让他们先进香，其他人在外面等候。

有一天，孙家要到虎丘去赶庙会，全家老老少少去了两大船人。到了虎丘码头上了岸，只见街上热闹非凡。孙家一行人前有鸣锣开道，后面几道行牌，八抬大轿好不威风，行人只能左右避让。

那天真巧，苏州府台老爷陪着夫人和小姐也去赶庙会烧香，跟在后面的孙家队伍越来越近。府台老爷心想：今天是哪位大人也来烧香，排场这么大？于是便停了下来要看个究竟。

当那八抬大轿走近了，府台老爷只见坐在轿中那个孙老爷满脸横肉，嘴里还在嘟嘟囔囔。

府台老爷连忙命公差去打听，这帮人

从哪里冒出来的,是哪里的长官。结果一问才知道,原来根本不是什么"长官",而是乡下的"土皇帝"。

那还有什么客气的呢?于是府台老爷就写本启奏,言明孙家目无王法,生活上诸多逾制,例如出行要八抬大轿就是一项。后来逐级上报,把孙先君问了"斩监候"。孙家大宅院也被责令拆除。有人会问,孙先君就算不懂造龙椅、坐八抬大轿违制,其他人也不知道吗?其实怎么可能呢?不过大家都对孙先君既怕又恨,因此是没人敢和他说这些罢了。

从此"孙厅上"只留其名,那里再也没有姓孙的人居住,也看不到当年那个孙家大宅院了。

口述人:朱介林

许家桥

望亭镇泥图湾村许家里有一座古石桥叫"许家桥",而在新埂村有一座古石桥,桥上刻有"葛家桥",可是大家却把"葛家桥"也叫作"许家桥"。更加奇怪的是这里没有一户姓许的。这是为什么呢?

话说清末时李鸿章率军曾与李秀成的部队打过历史上有名的"大桥角战役"。经二十多天的惨烈大战,望亭被严重破坏。运河上的古问渡桥也毁于战火。

战后,有长洲县的乡民组织捐款,由区董许老祥组织带头,地方士绅李氏负责重建花岗石的问渡桥。问渡桥建成后,尚余较多的桥板和石块。根据造桥工匠测算,还可以建造两座普通小桥。许老祥准备在自己的许家里村上建造一座桥，还有一座则建在下塘葛家村。造桥工钱由当地村民集资支付。

上塘的许家里石桥建成后，就被取名"许家桥"。接着石匠们又开始建造下塘的葛家村桥，由葛家兄弟负责施工和筹集建桥工钱。工程进展很顺利，桥很快完工了，并被取名"葛家桥"。

工程一结束，工匠就要结账。可是葛家兄弟你推我，我推你，就是不付工钱。原来葛家兄弟老三，不但不参加造桥劳动，还一直在镇上赌馆里赌博，把乡亲们凑的给石匠造桥的工钱全部输光了。

带头的工匠一看桥造好了，就是结不到工钱，一怒之下，就要把桥砸掉。

当区董许老祥知道工钱已被老三赌钱输光了，各家经济都不富裕，叫大家再凑钱已不可能。于是就跟葛家村村民和工匠商量说：工钱由我先代付，我这就回去筹钱，你们辛辛苦苦把桥造好了，我们没有理由不付工钱。不过，我话要说回来，工钱我是代付的，今后要还给我，否则这座桥不能叫"葛家桥"只能叫"许家桥"。

桥建成后至今已一百多年，葛家一直未能将工钱还给区董许老祥和许家后人，所以这座桥自建成以来，桥上刻的是"葛家桥"，却一直被叫作"许家桥"。这就是为什么望亭上塘和下塘有两座"许家桥"。

口述人：尤万良

张仪桥

望亭仁巷港是太湖和大运河之间主要的泄水通道之一，几百年前在现迎湖村二组和十六组之间建有一座石桥，习惯上被称为"张泥桥""张义桥"，其实，这座桥本来的名字叫作"张仪桥"。2008年重建这座桥时，终于将桥名改了回来。

关于这桥名的由来，还要从北宋开始说起。

那时范仲淹任苏州知府，传说范仲淹到任之后，在原府中的公差队伍里严格挑选，留下了部分公差，其中有望亭彭华乡五都三图的一名叫张仪的人。

张仪高个儿，长方脸，威武雄壮，办事认真且武艺高强。范仲淹外出巡视和办案总是把张仪带在身边。有时范仲淹派张仪单独处理公务,张仪总能把事情办好,因而深得范仲淹的信任。

有一次张仪跟随范仲淹去枫桥白马涧办案,遇到一伙地痞流氓寻衅滋事,持刀行凶。为保护范仲淹免受伤害,张仪挺身而出,奋不顾身地制服了歹徒。在搏斗中,张仪右手被歹徒砍成重伤。

回到府里后,范仲淹请了苏州名医给张仪疗伤,并给张仪放假回家养伤。

张仪在家养伤期间,范仲淹特地带了两个随从前往张仪老家探望。

到张仪家,张仪父母亲正在给儿子换药包扎。范仲淹看到张仪伤口愈合得非常好,十分高兴。张仪的父亲连忙给范仲淹倒水冲茶,并对范仲淹说:"我儿办事毛手毛脚,不注意安全,连累大人了。大人工作繁忙还特地来寒舍看望我儿,我们全家万分感激,谢谢大人关心。"

当时正值麦子成熟的夏收农忙季节,范仲淹和他们聊起了家常。问起当年麦子的收成,家中粮食够不够吃,家中养了多少头猪和多少只羊……

中午收工时,范仲淹看到村民正在用菱桶把河对岸收割的麦子往家运,菱桶在河中一晃一晃非常危险,一不小心要翻到河里。张仪的父亲告诉范仲淹,因为河上没有桥,村民平时过河和搬运农作物都靠菱桶。范仲淹听了沉默不语,心想河上没有桥实在不方便,如果有座桥就好了。

范仲淹回到府里,村民用菱桶过河的险情一直浮现在他脑海里。经过反复思考,他决定自个儿出资给张仪家乡造一座桥。

张仪伤愈回府以后,范仲淹把造桥的想法告诉了张仪。张仪高兴地跳了起来,连声说:谢谢大人,谢谢大人。

范仲淹把造桥的具体事项一一交代给张仪,张仪连忙赶回家,把范仲淹造桥的事告诉了乡亲们。乡亲们个个兴高采烈,并准备开工建桥。为了感谢范仲淹的恩德,乡亲们商量决定给桥起名"范公桥"。

经过几个月,建桥工程即将完工,范仲淹来到工地了解建造情况。他一看到桥面石板两侧刻了"范公桥"三字,连忙说:不行,不能叫范公桥,我看桥名要改一下。他思考了一下,说:这桥应该叫"张仪桥",因为我同张仪有缘分,你们托了张仪的福,所以才在这里造了一座桥。范仲淹说完,乡亲们都拍手赞成,一起喊:张仪桥,张仪桥!谢谢张仪,谢谢范大人！于是就给桥起名"张仪桥"。

　　几百年来"张仪桥"虽经多次重建，但世代相传，张仪桥的名字一直保存至今。

口述人：周云飞

匠人巷

彭华乡四都六图(现望亭迎湖村孟河十九组)红莲寺前沿河有个村庄叫"寺前"。

传说寺前西段住着一户金家。主人金泉宝是个远近闻名的木匠。他每天都去金墅街茶馆喝茶,因为是茶馆常客,人头熟,大家都称呼他"金先生"。往日金先生一到茶馆,店堂里顿时热闹起来,因为他不仅来这里喝茶,还喜欢给其他人说书。金泉宝平时很喜欢看书,加上记性好,所以肚里故事也多。他讲《三国演义》《西厢记》《水浒传》《说岳全传》《薛仁贵征东》《薛刚反唐》……一个个故事被他说得绘声绘色,引得过路群众都停下来不愿离开。可今天,金泉宝像换了个人似的,闷闷不乐。

坐在旁边的茶客张木根看了出来,心想金泉宝今天心里肯定有事。

张木根喝了口茶,轻声道:"金先生,今天你只喝茶,不开口,心里要是有事就讲出来吧,我也可以为你出出主意。"金泉宝于是就把昨天媒婆到他家为他三个女儿做媒的事告诉了张木根。

原来金泉宝生有三个千金,没有儿子。大女儿叫梅花,二女儿叫银花,小女儿叫雪花。近年来,金泉宝一直为能找一个称心如意的上门女婿,为金家传宗接代、有人继承自己木工技艺而操心。三个女儿早已经到了谈婚论嫁的年龄,可是媒人上门来做媒,或有人家上门提亲,三个女儿个个摇头不同意。昨天又有人来做媒,可是三个女儿仍然对之不理不睬。

张木根一听，原来金先生为三个女儿婚事着急，所以心里不开心。他思忖片刻，道：金先生，你家三位千金必定有了心上人，不然怎么会三番五次拒绝成亲呢？你回去让你夫人同女儿好好谈谈，让女儿们说说心里话。儿女的婚事急不得，心急吃不了热豆腐，慢慢来，事情总归会解决的。

金先生一想，张木根讲的话有道理，就回去叫老婆先问问三个女儿再说。

晚饭后，金泉宝老婆把三个女儿喊到房中，通过耐心劝导，三个女儿终于都把内心的话讲给娘听。果然，三个女儿都早已有了自己的心上人，因为难为情讲不出口。

金泉宝知道后，就让三个女儿把心上人带到家里来看看。

到了那一天,三个小伙子一起带着礼品来到金家。金泉宝就让三人各自介绍一下自己的情况。

第一个开口的是梅花的心上人。他说:我叫金继达,家住宅基村严家桥,有两个哥哥、两个姐姐,我是老五。我从小就学木工手艺,专攻雕刻,人家称我"小木匠"。我父亲是木匠,也是我师傅。

银花的心上人接着说:我叫徐春雷,家离这里不远,在东泾上。我有三个姐姐,我是老四,下有一个弟弟。我主要以捕鱼捉鳝为生。父母亲也是渔民。

最后雪花的心上人说:我叫沈继忠,我是金墅人,住金墅街上。我家中有一个姐姐、两个哥哥。我家在镇上开了家五金店,我还在读书,准备将来考取功名。

金泉宝听完三人的介绍,看看三人都

仪表堂堂，心想我三个女儿眼力不错，心中欢喜。为了试试各人的本事，他思考了一下说：我想出个题目考考各位，怎么样？三人都说可以。金泉宝说：我出个谜语，你们猜猜看吧。谜面是："有头有脚，无头无脚，有脚无头，有头无脚。"

金继达点了一下头说：我是做木匠的，有头有脚是床，无头无脚是箱子，无头有脚是木凳，有头无脚是大门。大门，我们望亭都叫它"门头"，不说"门脚"的。金泉宝点了点头表示认可。

接着徐春雷回答道：有头有脚是甲鱼，无头无脚是河蚌，有头无脚是鲤鱼，无头有脚是螃蟹。金泉宝一听哈哈大笑道"对对对"。

最后轮到沈继忠了，他说：有头有脚是一个"申"字，无头无脚是一个"田"

字，有头无脚是一个"由"字，无头有脚是一个"甲"字。金泉宝一听，笑道："不愧是读书人。"

金泉宝又道："你们几位我都很满意。但是我们金家没有儿子，我想要招一个上门女婿，不知道你们谁愿意？"

金继达说：叔叔，我们家中男孩多，和您一样又都姓金，都是做木匠的。我知道您一直想找个人发展您的事业，我愿意来这里上门。其实梅花早就看出了您的心思，她早已同我提起过。我也和家里人商量好了。

金泉宝一听，开怀大笑：哈哈哈，知我者，女儿梅花也。

不久，三个女儿都和心上人喜结连理。金继达也搬到了金泉宝家居住。他雕刻技术精湛，加之有老丈人的点拨指导，手艺更是突飞猛进。方圆几十里，不论是造房还是做木工家具，人家都要请金继达去设计、制作。他的作品超凡脱俗，形象逼真，尤其以雕刻龙凤花鸟最为出名。金继达名气在外，拜师学艺者纷至沓来，于是人们把寺前村西的这条巷称为"匠人巷"。这个地名一直流传至今。

到了20世纪70年代，匠人巷金家又出了一位善雕会刻的匠人，叫金根元。金根元不但会雕刻，书法也不错，他的木雕、砚雕、核雕作品巧夺天工，远销国内外。

口述人：尤万良

肖家池与九巷浜

望亭镇华阳村七组苏锡公路西侧,有一个自然村叫九巷浜。九巷浜有几户姓肖的人家,肖家南面约一百米有一个池塘叫"肖家池"。"肖"这个姓,其实一开始都是写作"萧"的,后来被误简化为"肖"。所以肖家池,其实应该是写作"萧家池"。关于它的故事,传说要追溯到秦朝末年。

当时,秦王朝的残酷统治使百姓处在水深火热之中,最终农民揭竿而起,暴发了大泽乡陈胜吴广起义,天下英雄纷纷响应。再后来发展成楚汉相争,即项羽与刘邦争夺天下。

当时汉王刘邦手下谋士众多,但缺少

夺天下的大将之才。将才韩信一开始也未得到刘邦的信任和重用,刘邦只让他当了一名小军官。一次犯了军法,韩信还差点被处死。后来即使免死,刘邦只让他担任一名管理粮草的小官(治粟都尉)。一次偶然的机会,韩信遇上了萧何。萧何与韩信一席长谈之后,他对韩信非常钦佩,认为韩信是一个不可多得的军事天才。但是,正当萧何决定向刘邦推荐韩信的时候,韩信逃跑了。原来,刘邦的部下多是徐州一带的人,刘邦被封为汉王,封地在汉中,地区偏狭,难以发展。因此,部下因想家而纷纷逃亡。韩信见刘邦没有重用自己的意思,也跟着跑了。萧何闻讯,心急如焚,来不及报告刘邦,跳上战马,连夜把韩信追了回来。这就是著名的"萧何月下追韩信"的故事。经过萧何的力荐,刘邦终于同意拜韩信为大将军，并选择吉日良时，举行隆重的拜将仪式。

韩信被刘邦拜为大将军以后，充分发挥了自己的军事才能，为刘邦统一天下、建立汉朝立下了赫赫战功。但是刘邦做了皇帝以后，却对韩信越来越不放心。他解除了韩信的兵权，将其由"齐王"改封为"楚王"；不久，又将韩信逮捕；赦免后，只封了个"淮阴侯"。韩信闲住长安，郁郁不得志，就有了反心。刘邦的妻子吕后知道了，想把韩信召来除掉，又怕他不肯就范，就同萧何商议。最后，由萧何设计把韩信骗到宫中，吕后以谋反的罪名把韩信杀害在长乐宫。

据此，后世才有了"成也萧何，败也萧何"的俗语。

韩信一死，满朝文武百官，惶惶不可

终日，担心有朝一日自己也会被皇上杀掉。

这时张良心中最有数，知道刘邦这个人心胸太狭窄，大臣们与他只能共患难，不能同享福，遂想了个办法避走他乡，隐居起来。

这一切萧何一一看在眼里，但他不露声色，上朝下朝，管好自己分内之事。他知道当初是自己力荐并劝说，刘邦才重用韩信的，如今韩信出事，自己肯定难逃干系。他也知道自己肯定是走不了的，只能让家眷和儿女们离开这是非之地，以免遭杀身之祸。

走到什么地方去，哪里才能让他们安居避难呢？萧何考虑再三，认为江南太湖一带气候适宜，土地肥沃，物产丰富，适宜种植稻、麦、油菜，也适合种桑养蚕，人只要勤劳,不怕吃苦,都能安居乐业。于是他便让妻子儿女分批偷偷迁徙到太湖东部后来的彭华乡五都十五图定居。

萧家来到望亭以后,后代逐步分散到其他各地。他们牢记"勤事农耕,积极经商,以善待人"的祖训,不久便成为当地的大户。萧家房屋连片,庭院深深,院内有一池塘,被人们称为"萧家池"。

萧家池水质极佳,适宜酿制各种酒品。萧家在定居地开了一家酒坊,用当地优质的糯米、麦芽和萧家池的池水酿酒。后来他们酿的酒名气大了,人们把酒坊的所在地称为"酒行浜"(一作"酒巷浜")。

酒行浜酿造的黄酒甘甜清醇,香气扑鼻,回味无穷,畅销大江南北。但也引起了同行的忌妒,一位老板派人前来暗访,他们得知萧家酒好主要是萧家池水质好,于是用金钱买通萧家佣人,里应外合,趁萧家进货之机,把一车食盐倾倒在池中,神不知鬼不觉地破坏了萧家池的水质。

从此以后,酒行浜萧家酿造的黄酒质量一落千丈,萧家也逐渐败落。

虽然酒行浜早已不再酿酒,但它地名的读音没改,只是写法变成了"九巷浜"。

口述人:尤万良

和尚浜

传说古时候，在望亭住着一户姓陆的穷苦人家。陆家一家三口，小孩名叫陆小林。在小林五岁那年，父亲因积劳成疾，无钱医治而离世。小林母亲也常年卧病在床，父亲过世后，母亲全靠年幼的儿子照料。

穷人的孩子早当家，每天清晨，小林一起床就到野外去挖野菜和野竹笋，回来放点儿米煮成稀饭喂给母亲吃。待母亲吃好后自己才吃，经常吃了上顿无下顿。

为了生存，每天早饭后，小林便手拎一只竹篮和一根打狗棒，外出四处要饭。好心人看到小孩可怜，便发了善心，有的给把米，有的给一碗饭菜，小林从没空手而回。

小林前村后村一家家乞讨，如果运气好，米饭讨得多，他回家趁天晴，还会把一部分米饭晒成饭干保存起来，以防雨天不便出门时食用。

后村葛家有个叫葛小红的姑娘，父母经常在外干农活，家中织席的零碎活儿都由年仅五六岁的小红一人承担。小林看她人虽小就帮父母劈麻、捋草、调经，就经常去葛家帮小姑娘做些家务活儿。这样一来二往，两个孩子越来越熟悉。小林帮小红做完活儿，就出去要饭。小红十分同情小林，经常把家里的干面和米饭送些给小林。小林十分感动。

有时小林看到小红家中活儿多，麻来不及劈，他就把麻带回家，晚上劈好后，第二天再送到小红家。

几年以后，两个小孩都十多岁了。有

一天，小红给父母送饭到田头，回家路上遭到三四个小流氓的欺负，刚好被小林遇到。他毫不犹豫地冲上前去同他们理论。那几个小流氓一看是一个小叫花子，就轻蔑地说：我们的事，轮不到你小叫花子多管。小林不慌不忙地说：她是我的表妹，人还小，大人不应该欺负小孩。一个流氓说：我今天倒要看看一个小叫花子究竟有多大本事。说着就准备动手。小林知道自己不是他的对手，一边闪躲，一边嘴里大声喊叫：快来人啊，小流氓打人啦！在旁边田里干活的村民听到喊叫，拿了农具就冲了上来。那几个流氓眼看要吃亏，连忙拔腿就逃了。事后小红感激地对小林说：那天他们人多势众，幸亏有你帮我解围。

由于小林的母亲无钱治病，身体一天不如一天，不久也离开人世。小林在乡亲们的帮助下，料理了母亲后事，把母亲草草埋在父亲的坟墓旁边。

小林母亲一死，小林变得孤苦伶仃了。更不幸的是，他家中仅有的一间破草棚也被玩火的小孩烧掉了。他无处栖身，在众乡亲的劝说下，他瞒着小红到迎湖禅寺削发做了和尚，法号"宏林"。

小林出家以后，白天在寺院厨房劈柴烧火，空闲时间识字念经，早晚跟师父们学习拳击武功。由于小林手脚勤快，机灵好学，受到师兄和方丈的称赞。众僧都非常喜欢小林。

几年以后，小林已长大成人，他身体健壮，武功高强。可他一直没忘记儿时的小伙伴葛小红。再说自从小林到迎湖禅寺出家以后没过几年，小红的父母也过世了。她只能寄居在姨妈家。随着年龄的增长,小红已长成亭亭玉立的大姑娘了。后来邻居托媒给小红介绍对象,一连说了十几个小伙子,可小红就是不答应。其实她心里只有陆小林。可是小林到底在哪里呢?

这天是农历初一,到迎湖禅寺进香拜佛的人很多。小红随着人流进了寺院,到大殿焚香拜佛。此时殿内众僧人一起在念经。小红突然发现,其中一个僧人很像她朝思暮想的小林。这时宏林也发现了她,四目相对,仿佛时间又回到了几年前。两人互诉衷肠,而这一切都被寺院的方丈看在眼里。

小红回到家中,一直茶不思、饭不想,心里放不下小林。她考虑再三,把自己与小林的事一一向姨妈诉说了。她跟姨妈说今生非小林不嫁,否则自己也要削发为尼。

姨妈知道小红的一片痴情，决定帮她试试。

于是等到月半，姨妈陪着小红又到了迎湖禅寺。进了山门，小红径直来到佛像前，长跪不起，十分悲伤。方丈一看，知道初一来进香的那个小女子又来了。方丈也知道她是为宏林而来的。他想：如果我不放宏林走，就是拆散了一对好鸳鸯，我要造孽的。

思虑再三，方丈找来宏林对他说道：宏林，你尘缘未了，就随女施主去吧。

宏林闻言，喜出望外，忙和小红一起拜谢方丈成全。

就这样宏林还俗了，仍旧叫回原来的名字：小林。而旁人则都叫他"陆和尚"。不久，他和小红就由姨妈主婚，自愿结为

夫妻。他们在大家的帮助下，于原来陆家的宅基地上伐木建屋，终于有了自己的家。小林垦荒种田，空闲时还去捕鱼捉蟹钓黄鳝，小红在家调经织席，两人勤勤恳恳，日子越过越好。后来，他们生有三个孩子，一子二女，全家其乐融融。

"陆和尚"从一个孤儿，到做了和尚，再到还俗后成家立业，他的故事也在望亭被传为佳话。人们把"陆和尚"家门前的小河浜叫作"和尚浜"，后来又把他生活的村子也称为"和尚浜"。至今望亭下塘华兴村东沿里北、葛埂上南还有一个叫"和尚浜"的自然村。

口述人：尤万良

张木司桥

古时候望亭一带盛产黄杨木。黄杨分为很多种，例如雀舌黄杨、豆瓣黄杨，而这里盛产的则是瓜子黄杨。尤其是下塘大运河东，家家户户都喜欢栽种瓜子黄杨。瓜子黄杨生长缓慢，俗称"百年黄杨碗口粗"。但它木质细腻，色泽好，不怕虫蛀，做成家具不变形，不腐烂，能代代相传。

有一年，村里来了一位外地小伙子，名叫张阿木，他从小就学木工手艺，特别擅长加工制作各种木梳。他看到村边有成片的黄杨树林，而且大多已成材。他知道黄杨木是制作木梳的绝佳材料，于是就在望亭与东桥交界处的一条小河边租了几间房屋，安顿下来，开始买进木材，加工木

张木司桥

梳。他把黄杨木按尺寸大小锯成不同的木片，然后细心打磨，加工成一把把大大小小的木梳。

由于张阿木手艺高超，木梳质量好，其为人又大方好客，因此他做的木梳赢得了良好的声誉，生意也越做越大。望亭黄杨木梳一度成为全国有名的地方特产。不少客商都慕名登门前来采购，有时还供不应求。于是他招了几位青年学徒，扩大了生产规模。

由于河上没桥，外来客商到这里很不方便，要从别处绕过河才能到张阿木家。张阿木思考再三，决定在河上建桥。说干就干，他和徒弟们动手，利用当地的树木搭建了一座便桥。有了桥，极大地方便了村民出行，同时也方便了客商的往来。后来，张阿木在这里娶妻生子，经过多年的艰苦创业，他家作坊规模越来越大。而那桥因为年久失修，被风一吹，摇摇晃晃，胆小的人都不敢上桥，非常危险。张阿木看在眼里，急在心里，准备重新建一座桥。于是他拿出了自己多年的积蓄，请石匠在原址重建了一座石桥。

当地村民们为了感谢张阿木为民建桥的善举，也为了打响张阿木木梳生意的牌子，决定给石桥取名"张木梳桥"。望亭方言中"木司"和"木梳"同音，久而久之，大家就把"张木梳桥"讹称为"张木司桥"了。

口述人：朱福男

孟河郎与孟河村

古代武进与丹阳交界处有一个古镇叫"孟河镇",镇旁有一条直通长江的大河叫"孟河"。孟河镇出名医,古代皇宫中的许多御医都来自孟河镇,人称他们为"孟河郎中"。孟河郎中擅长针灸、推拿治疗风湿、跌打损伤、不孕不育等疾病。后来,其他郎中也借了孟河郎中的名头行医。孟河郎中一度成为名医的代名词。

在清道光年间,望亭来了位姓惠的郎中,他在金墅乡四都十图巨庄村大渡桥南附近开了一家诊所,也挂了"孟河"的招牌,人们遂称其为"孟河郎中"。

由于惠郎中医术高明,诊断正确,疗效显著,周围数十里内的病人都慕名而来。这位孟河郎中的名气越来越响,前来看病的人越来越多。远方的来人只要问"孟河郎"(叫的时候省去了"郎中"的"中"字)在哪里,不论大人小孩都能指点惠郎中诊所的地点。久而久之,"孟河郎"这块地方被叫出了名。

后来据传说,有位年轻妇女前来求治不孕症。她求子心切,十五天的用药量,她却自作主张在七天内服完,结果药物中毒不治身亡。死者家属认为惠郎中没有讲清楚用药方法,可人也死了,有理讲不清,惠郎中只好自认倒霉,赔偿一切丧葬费用。从此,不知情的人认为惠郎中医术有问题,惠郎中也不愿再待在这里,于是就携带家眷返回家乡了。

惠郎中人虽然走了,但"孟河郎"这一地名被世代相传。

中华人民共和国成立以后,党和政府在孟河郎开办了一所小学,并命名为孟河小学,第一位来这里任教的老师叫朱少卿。几年以后,由于附近有一所公办的"华阳小学",孟河小学因生源不足而停办。孟河小学停办以后,朱少卿老师受领导委托,到望亭与金墅交界处的太湖边筹建新的小学。

朱少卿找到一个叫"都神庙"的庙宇,这儿房屋较多,沿太湖较近,周围又没有学校,符合建校条件,于是他决定在都神庙建校招生。

当时,前来报名入学的小孩很多。据说朱老师在给小孩的缴费收据上盖章时,误用了原来"孟河小学"的印章,于是大家就干脆把都神庙小学称为"孟河小学"。

孟河小学办了很多年,它的教学质量

得到了当地干部和群众的认可。1958年，南河、田安两小村合并为大队，就以孟河小学的"孟河"二字为大队名（后叫孟河村）。这就是为什么这里没有"孟河"却有"孟河小学""孟河村（大队）"的缘由。

口述人：朱福男

附：望亭方言传说

太湖里氽得来也要起早去捞

古时候望亭有一位勤劳善良的老母亲,与儿子周勤相依为命。

一天早晨,她唤醒了熟睡的儿子。儿子起床后来到河边,在一块石头上坐了下来。他呼吸着河边新鲜的空气,不一会,他发现一块绿色的东西由西向东氽(望亭方言,意为漂)过来。到近前一看,原来是一团水草,周围有大大小小的鱼儿围着争相吞食。他赶紧拿起一根长竹竿准备去捞。当竹竿伸向那块水草时,鱼儿便迅速往四面躲开。收回竹竿后,鱼儿又围了上来。周勤想,要是能够把鱼儿捕起来,既能吃到新鲜的鱼,多余的鱼还可以上市卖掉,换回其他物品。

周勤回到家，就开动脑筋编织起捕鱼工具来。经过反复试验，他编织了大大小小的竹笼子，鱼儿只能游进笼子却不能逃出笼子。他还编织了各种捕鱼网，整天打网、拖网、拉网和晒网。

一开始他乘坐小木桶在小河浜捕鱼，后来用木材打造了小船，在船上捕鱼。为了捕到更多的鱼，他联合族中一帮人打造了大船，开始到太湖中去捕鱼。他们整个家族后来都以捕鱼为业。渔民不忘他们的祖宗，他们把周勤始创的织网的方法传承了下来。周勤也被这里的后人尊为渔民的祖师爷。

由于捕鱼的人多了，如果早上出船晚了，往往就收获很少。于是望亭这里就流传开了一句俗话，叫"太湖里汆得来也要起早去捞"，意思是就算有水草带着鱼从太湖里漂来,也要早起去打鱼,意同"早起的鸟儿有虫吃"。

口述人:尤万良

沈七姑鸟叫六棵齐

在远古时代,从中原黄河流域一带迁徙到望亭的人们,只习惯栽种旱地作物麦子。但这里低洼田多,田块湿度大,加之当时耕种方法十分落后,人民不懂开沟排水,因而麦子产量不高,无法满足人们的生活需要,大家时时要挨饿。

这时有一位名叫吴侬的人,为了找到人们能吃的食物,一到秋天果实成熟的季节,他就遍尝每一种植物的果实或者种子。有几次他都差点中毒死去。可他仍然不放弃。一次,他发现水沟边有一种叶子长得像麦叶一样的植物,秋天茎秆枯黄了,但上面结了沉甸甸的果实。他剥开植物外面粗糙的硬壳,取出里面白色的东西放进嘴里嚼了嚼,口感很好。于是又剥了一些吃了下去,过后也没觉得肚子不适。于是第二天他便大胆地捋了一些种子带回家。

他母亲准备炒菜,锅已烧热,吴侬从口袋中摸出一把种子放进锅中,这些种子顿时哔叭哔叭爆了起来。一粒粒小小的种子爆出白白的内芯,吃在口中又香又脆。于是吴侬便把野外沟边的这种植物的种子,全部都收回家。

到了第二年五六月,吴侬看到望亭又长出好多那种植物,同时又发现这种植物喜欢生长在水边。他便拔出一部分植物插到有水的地方,后来幼苗生长非常旺盛。到了秋天,吴侬收获了不少那种植物的种子。因为它是在水地里生长成熟的,于是吴侬给这种作物起名为"水稻"。

经过长期的实践和摸索，吴侬掌握了水稻育秧、移栽和田间管理的技术：先密播，到幼苗有五六寸高，再移栽到水田中。水稻栽种技术的掌握，解决了人们冬季没粮吃的困扰，同时也就有了望亭地区莳（望亭方言，意为插）秧的农忙季节。

到了莳秧季，吴侬的妻子沈七姑看到丈夫忙得饭都顾不上吃，她趁给丈夫送饭的时间，也下田莳秧。沈七姑绝顶聪明，经过摸索，她发现了六棵一莳最为适宜。即左右各莳两棵，两脚之间再莳两棵。她的秧莳得横平竖直，既快又好。往往一声鸟叫的时间，沈七姑已整齐地莳好六棵秧。"沈七姑鸟叫六棵齐"的美名便流传开来，直到如今，望亭一带还在说这句俗语，并把莳秧能手仍称作"沈七姑"。

近些年来，望亭的水稻栽种发展迅

猛：从沟边自然生长，到人工选种育秧，从单一品种到培育了籼稻、糯稻、粳稻三大系列上百个不同品种，从人力栽种到实现机械化、规模化生产，从亩产数斤到实现亩产量两千斤左右……望亭也成为全国十大水稻丰产样板之一。

口述人：尤万良

蚕丝姑娘黄三姑

古时候,望亭有一位叫黄三姑的小姑娘。

这一天,天还未亮她就起床了。她来到河边洗漱,听到附近桑树上有"沙沙"的声音,而且桑叶还在微微颤动。仔细一看,原来是一些白里带黑的虫子啃食桑叶,这声音就是它们发出的咀嚼声。刚才还是一片完整的桑叶,不多一会儿已被虫子啃光了,只剩下一根根叶脉。

三姑看虫子吃桑叶看得出神了,没注意到太阳已渐渐升高。后来,她一连观察了好几天,发现虫子越来越大,原来白里带黑的虫子如今已经长成白白胖胖的大虫了。

又过了几天，三姑发现桑树上虫子不见了。仔细一看，原来虫子都躲了起来，它们头歪来歪去，嘴里有一根根白白的丝在往外吐。那些虫子各自都做着同样的动作。第二天再去看时，树上的虫子已经不见了，它们用白白的丝绕成一个个窝。虫子被白色的丝线绕在窝里面。树上处处都是一个个小白团。她摘了几个拿回家给母亲张氏看。张氏正在灶前烧水准备做面糊。调皮的三姑把手中几个白团丢给张氏，张氏没接住，白团刚好掉进锅里。经开水一泡，白团被泡软了。张氏连忙用竹筷把白团捞了起来丢进凉水中。三姑用手轻轻一拉，拉出了一根根长长的丝线。她把丝线绕到筷子上，发现里面的虫子已被烫死了。三姑把丝线晾干后发现，这丝线多像平时用来织布的棉线啊。三姑想如果能用它来织布多好啊。于是她把自己的想法跟张氏说了。张氏让三姑把桑树上的白团全部捡了回来。两人如法炮制,得到了很多的丝线。然后三姑和张氏一起像织土布那样,果然用它织出了一片一片非常薄而轻柔的布,这就是丝绸。张氏用丝线织成的布给女儿做了一件衣服,三姑穿上后觉得衣服轻盈凉爽,透气不黏身,穿在身上非常舒服。

后来这里的人们把吃桑叶的虫子叫作"蚕",也称"蚕宝宝";把发现蚕丝妙用的黄三姑称为"蚕丝姑娘"。至今民间还把养蚕的女子戏称为"蚕丝姑娘黄三姑"。

随着时代的变迁,望亭的丝织业发展迅猛,人工养蚕,机械化缫丝形成了规模,一度家家栽桑,户户养蚕。望亭所在的苏州也成为世界闻名的丝绸之乡。

口述人:尤万良

浒关名席产望亭

春秋战国时期,太湖流域很多地方还是一片湿地,适宜于各种水生植物的生长。传说当时有一个叫蔺长生的农户和妻子席凤英来到太湖边的望亭一带,他们种植了一些粮食作物以维持生活。

在这里,他们经过多年的观察、研究,掌握了一些水生植物的生长规律和特性。特别是他们发现有一种一年生的细而长的草本植物,颜色碧绿青翠,草茎柔韧不易拆断,而且晒干后有一股淡淡的清香。

刚开始,蔺长生把这种草编织成不同尺寸的草鞋,穿在脚上非常舒服。到了夏天,席凤英把那种特别长的草,编织成一块块"草布"。人睡在上面,觉得十分凉爽。

蔺长生在编草时,渐渐感到这样仅靠双手编织既慢又吃力。于是他经过反复摸索和试验,发明了用树木做的一个"井"字形的木架,这个木架结构复杂,竖立在地上,通过杠杆传动,这就是后来的席机。经过长期的实践和不断的改进,人们又在他的基础上先后发明了"添棒""扣""调车""席杖""校榉"等织席工具,并不断改进了织席工艺,编出了各种规格和花样的席子。

由于家家户户编席,望亭也成为全国四大草席产区之一。望亭草席在中唐时期已成为朝廷贡品,是"关席"("浒关草席"的简称)的主要席源,故有"浒关名席产望亭"之说。

为了纪念蔺长生发现了这种具有经济价值的神草,人们把这种草命名为"蔺草";为了纪念席凤英发明了用蔺草编织出实用的"草布",人们把这种织物命名为"草席"。

口述人:尤万良